"पारस-मनी"

अनमोल (अमृत) विचार विश्व प्रसिद्ध व्यक्तियों
के विचारों की युक्तियों का 'अनुपम' संग्रह

भारतवासियों को सादर समर्पित

रविशंकर पाण्डेय

प्रकाशक : ट्रू साइन पब्लिशिंग हाउस

पता : 21, द्वितीय तल, कुन्दन नगर, बागमुगलिया,

भोपाल, मध्य प्रदेश - 462026 भारत

ईमेल : truesignbooks@gmail.com

वेबसाइट : www.truesign.in

© लेखकाधीन

"पारस-मनी"
अनमोल (अमृत) विचार विश्व प्रसिद्ध व्यक्तियों
के विचारों की युक्तियों का 'अनुपम' संग्रह
भारतवासियों को सादर समर्पित

लेखक: रविशंकर पाण्डेय

ISBN: 978-93-6253-804-8

संस्करण: 2024

दो शब्द

कभी-कभी कोई बात विस्तार से समझाने पर अधिकांश लोगों के समझ में नहीं आती, या वह समझना ही नहीं चाहते। बुद्धिजीवी, संत-महात्मा प्रसिद्ध व्यक्ति उनके भलाई, हित हेतु प्रवचन, कीर्तन, संगोष्ठी सभा द्वारा रोचक तथ्यों से, कहानियों से, अच्छी ज्ञान की बातें समझाना चाहते हैं; ताकि हर व्यक्ति के जीवन में उजाला आये! उनके जीने का मार्ग श्रेयस्कर हो, भविष्य उज्जवल हो। इसलिए इस पुस्तक में विश्व प्रसिद्ध व्यक्तियों के अमृत विचार कम शब्दों में व्यक्त किये गए हैं, जो "गागर में सागर" का कार्य करेंगे। आपका जीवन प्रकाशमय एवं उज्ज्वल हो।

कभी-कभी एक शब्द आदमी के जीवन में "पारस-मनी" का कार्य कर उसका जीवन बदल देता है। जिससे उसके जीवन का उद्धार होता है एवं वह जीवन में प्रगति, सफलता का आयाम कायम कर जीवन खुशहाल बनाता है।

इसी उम्मीद एवं शुभकामनाओं के साथ धन्यवाद!

आपका अपना

रविशंकर पाण्डेय

संपादक, मोटिवेशनल स्पीकर

अनुक्रमणिका

अक्ल (बुद्धि)

➤ वह व्यक्ति परम सुखी है जिसे सुबुद्धि प्राप्त है और जिसके पास विवेक का वास है।
-बाइबिल

➤ वह मनुष्य वास्तव में बुद्धिमान है, जो क्रोधावस्था में भी गलत बात मुख से नहीं निकालता है। - शेख सादी

➤ बुद्धिमान मनुष्य अपने अनुभवों से सीखता है किन्तु और अधिक बुद्धिमान दूसरों के अनुभवों से भी सीखता है। - चीनी कहावत

➤ बुद्धिमान व्यक्ति मूर्खों से जितनी शिक्षा लेता है, मूर्ख बुद्धिमानों से उतनी नहीं लेता है। - केरो

➤ बुद्धिमान को इशारा और मूर्ख को तमाचा काफी है। - अज्ञात

➤ बुद्धिमान व्यक्ति बोलने से पहले सोचता है, मूर्ख बोल लेता है और तब सोचता है। - फ्रेंच कहावत

➤ जिसके पास बुद्धि है उसके पास सबकुछ है, किन्तु मुर्ख के पास सबकुछ होने पर भी कुछ नहीं है। - तिरुवल्लुवर

➤ उसी की बुद्धि ठीक अथवा स्थिर रह सकती है, जिसकी इंद्रियाँ उसके बस में हों। - भगवद्गीता

➤ बुद्धि के बिना मनुष्य अपंग के समान है। - महात्मा गांधी

➤ परामर्श तो अनेक प्राप्त कर सकते हैं किन्तु उससे लाभ उठाना बुद्धिमानों को ही आता है। - साइरस

➤ बुद्धिमान वही है जो पूरे संकल्प से कार्य को निपटाना जानता है। - नेपोलियन बोनापार्ट

- बुद्धिमान वह नहीं जो बहुत सी बातें जानता है, अपितु वह जो काम की बातें अधिक जानता है। - अज्ञात

- बुद्धिमान व्यक्ति एक पग आगे बढ़ाता है किन्तु एक पग पीछे जमाए रहता है, जब एक दूसरे स्थान की पूर्णतया परीक्षा नहीं कर लेता तब तक पहले स्थान को नहीं छोड़ता। - आचार्य चाणक्य

- अज्ञान अँधेरे की भाँति है, जंजीरों की भाँति नहीं। - ओशो

- जहाँ अज्ञान है वहीं अंहकार हो सकता है और जहाँ अहंकार है वहीं अज्ञान हो सकता है। - ओशो

- अज्ञान ही पाप है, शेष सारे पाप तो उसकी छाया ही है। - ओशो

- अज्ञान प्रभु का श्राप है, ज्ञान वह पंख है जिससे हम स्वर्ग को उड़ते है। – शेक्सपियर

- अज्ञानी रहने से जन्म न लेना अच्छा है क्योंकि अज्ञान सब दुखों की जड़ है। - प्लेरो

- सच्ची मित्रता का नियम कहता है कि आने वालों का स्वागत करो, जाने वाले अतिथि को शीघ्र विदा करो। - होमर

अतिथि

- जब घर में अतिथि हो तब चाहे अमृत ही क्यों न हो, अकेले नहीं पीना चाहिए। - तिरुवल्लुवर

- संसार में सबसे बड़ा अधिकार सेवा और त्याग से प्राप्त होता है। - प्रेमचंद

- जो व्यक्ति अतिथि का आदर-सत्कार आत्मीयता से करता है, उस पर कभी भी कोई आपत्ति नहीं आती। - तिरुवल्लुवर

अधिकार

- बहुत अधिकार मिल जाने पर मनुष्य का विचार दूषित हो जाता है। - विलियम पिर चेथम

- अधिकार सुख कितना मादक और सारहीन है। - जयशंकर प्रसाद

➤ अधिकार पाने के लिए जब तक पूरी कीमत न चुकाई जाए, तब तक यदि अधिकार मिल भी जाए, तो उसे गँवा बैठोगे। - सरदार पटेल

➤ हमारे पूर्वजों ने अधिकारों के लिए संघर्ष किया, आज की पीढ़ी को कर्तव्यों के लिए संघर्ष करना है। - सैम्युअल स्माइल्स

पुस्तक

➤ जो पुस्तक तुम्हें सबसे अधिक सोचने के लिए विवश करती है, तुम्हारी सबसे बड़ी सहायक है। - पं जवाहरलाल नेहरु

➤ जिसे पुस्तकें पढ़ने का शौक है, वह सब जगह सुखी रह सकता है।

➤ अज्ञान सब बुराइयों का मूल है। - नेपोलियन बोनापार्ट

➤ मन को अध्ययन की उतनी ही आवश्यकता है, जितनी देह को व्यायाम की। -जोजेफ एडीसन

➤ प्रकृति की अपेक्षा अध्ययन के द्वारा अधिक मनुष्य महान बने हैं। - मार्कस टुलियस सिसरो

➤ सबसे कम खर्चीला मनोरंजन होता है, श्रेष्ठ पुस्तकों के अध्ययन से यह और स्थायी होता है। - जार्ज बर्नार्ड शा

➤ मानव की सबसे अच्छी साथी विद्या ही है, जिसके कारण यह विद्वान् कहलाता है। - स्वामी दयानंद सरस्वती

➤ महान कार्य शक्ति से नहीं, अपितु अध्यवसाय (युक्ती) से किये जाते हैं। - जॉनसन

➤ मनुष्य अनासक्त और निःस्वार्थ कार्य करते हुए ही प्रभु को पा सकता है। इसी में सबका भला है। - भगवद्गीता

➤ जहाँ अनुकरण है, वहाँ खाली दिखावट होगी; जहाँ दिखावट है, वहाँ खाली मूर्खता होगी। - जॉनसन

➤ स्वयं पर आग्रह करो, अनुकरण मत करो। - एमर्सन

अनुभव

- अनुभव अनमोल कसौटी है। - रविंद्रनाथ टैगोर

- दूसरों की नकल न कीजिए, अपने को पहचानिए और जो आप हैं, वही बने रहिए। - डेल कार्नेगी

- मेरे पास एक दीपक है जो मुझे राह दिखाता है और वह है मेरा अनुभव। - पैट्रिक हेनरी

- अनुभव सिर्फ ज्ञान नहीं देता, यह वासनाओं से भी मुक्ति दिलाता है। - ओशो

- अगर हम सही अनुभव नहीं करते, तो यह निश्चित है कि गलत निर्णय लेंगे। - हैंजलिर

- अनुभव के स्त्रोत का जल पीने की जो उपेक्षा करता है, वह संभवत: अज्ञान रूपी मरुस्थल में प्यासा ही मर जाएगा। - लिड़पो

- दूध का जला, छाछ भी फूँक-फूँक कर पीता है। - हिन्दी कहावत

- अनुशासन और बलिदान के बिना, राहत या मुक्ति की आशा नहीं की जा सकती है। - राष्ट्रपिता महात्मा गांधी

अन्याय

- अन्याय और अत्याचार करने वाला उतना दोषी नहीं है, जितना उसे सहन करने वाला। - बालगंगाधर तिलक

- जहाँ कहीं भी अन्याय के चरण पड़ते हैं, वहीं विद्रोह के ज्वालामुखी का सृजन हो जाता है। - शिवसागर मिश्र

- अन्याय का अनुकरण करना, अन्याय का समर्थन करना है। - यशपाल

- अगर अन्याय को मिटाना है, तो खुद अन्यायी न बनिए। - अमृतलाल सागर

- अपराध करने के पश्चात भय पैदा होता है, और यही उसका दण्ड है। - वाल्टेयर

- गलती कर देना मामूली बात है, पर उसे स्वीकार कर लेना बड़ी बात है। - गणेश प्रसाद वर्णी

भूल

- भूल करके आदमी सीखता तो है, पर इसका यह मतलब नहीं कि जीवन भर गलती करता जाए और कहे कि हम सीख रहे हैं। - राष्ट्रपिता महात्मा गांधी

- यदि मनुष्य सीखना चाहे तो उसकी हरेक भूल, उसे कुछ न कुछ शिक्षा अवश्य दे सकती है। - टिकेन्स

- भूल होना स्वाभाविक है, पर उसको स्वीकार करना बड़ी बात है। - विनोबा भावे

- जो जान गया कि उससे भूल हो गयी, और उसे वह ठीक नहीं करता; वह एक और भूल कर रहा है। - कन्फ्यूशियस

- अपने पाप को स्वीकारना कोई अपमान नहीं है। - गजिलो

- अभय रहने से मनुष्य का कोई भी, कुछ भी नहीं बिगाड़ सकता है। बल तो निडरता में है, आपके शरीर से इसका कोई मतलब नहीं है। - राष्ट्रपिता महात्मा गाँधी

- विश्व में आधे से अधिक लोग तो इसलिए असफल हो जाते हैं कि समय पर उनमें साहस का संचार नहीं हो पाता और वे भयभीत हो उठते हैं। - स्वामी विवेकानंद

- सच्चा बलवान वह है जो कभी किसी से डर कर भागता नहीं है। - तैत्तिरीय ब्राह्मण

- घमंड ही हार का द्वार है। - शतपथ ब्राह्मण

- मानव के लिए शांति की कसौटी समाज में ही हो सकती है, हिमालय की चोटी पर नहीं। - राष्ट्रपिता महात्मा गांधी

- जो विश्व की थोड़ी सी वस्तुओं से ही संतोष कर लेता है, वह सच्ची शांति पाता है। - जुन्नुन

- शांति को डंडे के बल पर स्थिर नहीं किया जा सकता, वह तो केवल पारस्परिक समझौते से ही लाई जा सकती है। – अल्बर्ट आइंस्टीन

- तुम्हारा अंतिम ध्येय शांति है, उसे प्राप्त करने का उपाय त्याग और सेवा है। - स्वामी रामदास

➤ शांति ठीक वहाँ से आरंभ होती है, जहाँ महत्वाकांक्षा का अंत हो। - यंग

➤ जिस घर में शांति है, वहाँ भगवान वास करते हैं। - श्री ब्रम्हचैतन्य

अवगुण

➤ अपने अवगुण अपने को ही तकलीफ देते हैं। – शीलनाथ

➤ बहुत से व्यक्ति उन मनुष्यों से कुपित हो जाते हैं जो उनके अवगुण बताते हैं, जबकि उन्हें कुपित होना चाहिए उन अवगुणों से जोकि उन्हें बताये जाते हैं। - चैनिंग पोलाक

➤ अपने अवगुण कोई नहीं देख पाता, अपना व्यवहार सभी को अच्छा प्रतीत होता है; किंतु जो दुर्दशा में स्वयं को छोटा समझता है, वह अपना दोष भी देख सकता है। - अबू उस्मान

➤ चरित्रवान अपने दोषों को सुनना पसंद करते हैं, दूसरी श्रेणी के लोग नहीं। - राल्फ वाल्डो इमर्सन

➤ सौ गुण होते हुए भी यदि किसी में एक अवगुण है, तो वह सारे गुणों को ढक देता हैं। - रघुवीर

➤ जो दूसरों के अवगुणों की चर्चा करता है, वह स्वयं अपने ही अवगुणों को प्रकट कर रहा होता है। - महात्मा गाँधी

अवसर

➤ सर्वोत्तम मानव वे नहीं हैं जो अवसरों की राह देखते हैं, अपितु वे हैं जो अवसर को अपना सेवक बना लेते हैं। - ई एच चैतिन

➤ बुराई करने के अवसर तो दिन में सौ बार आते हैं परंतु भलाई का अवसर सालों में एकाध बार आता है। - वाल्टेयर

➤ बुद्धिमान व्यक्ति को जितने अवसर मिलते हैं, उनसे अधिक तो वह पैदा कर लेते हैं। - बेकन

- ➤ सभी के पास भाग्योदय का अवसर आता है, किन्तु जब वह देखता है कि मनुष्य उसका स्वागत करने के लिए तैयार नहीं है तो वह उल्टे पैर लौट जाता है। - कार्डिनल

- ➤ समय चूक जाने पर पश्चाताप से क्या लाभ ? - स्वेट मार्डेन

- ➤ साधारण व्यक्ति समय को महज गुजार देना चाहते हैं, मनस्वी उसका सदुपयोग करता है। - शॉपेन हावर

बर्बाद

- ➤ जीवन कितना ही छोटा हो, समय की बर्बादी से और भी छोटा बना दिया जाता है। - जॉनसन

- ➤ मैंने समय को बर्बाद किया, और अब समय मुझे बर्बाद कर रहा है। - शेक्सपियर

- ➤ जो अपने समय का सबसे अधिक दुरुपयोग करते हैं, वे ही समय की कमी की सबसे अधिक शिकायत करते हैं। - शूयर

- ➤ समय वह बूढ़ा जज है, जो सब अपराधियों की परीक्षा करता है। - शेक्सपियर

असत्य

- ➤ असत्य विजयी भी हो जाए, तो भी उसकी विजय अल्पकालिक होती है। - लियोनार्ड

- ➤ आपके बहुत से हथकंडे हैं किन्तु असत्य वह हैंडल है, जो उन सब में फिट हो जाता है। - होम्य

असंभव

- ➤ कमजोर आदमी हर काम को असंभव समझता है, और वीर हर असंभव कार्य को साधारण समझता है। - पं. मदनमोहन मालवीय

- ➤ वह व्यक्ति असफलता भी प्राप्त नहीं कर सकता, जो कभी प्रयास ही न करे। - नेपोलियन बोनापार्ट

➤ प्रत्येक अच्छा कार्य पहले असंभव नजर आता है। - बाईबल

अहंकार

➤ अगर आप में अहंकार पैदा हो गया है तो तनिक नीचे उतर कर देखिए, वहाँ आपको अपना सिर नीचा कर देने वाली बहुत सी बातें नजर आएंगी। - सुकरात

➤ अहंकार पतन का कारण है। - आचार्य रामानंद

➤ स्वयं को खोना भी, स्वयं को पाना है; सरिता स्वयं को खोकर सागर हो जाती है। - ओशो

➤ जिसने अहंकार छोड़ दिया, वह भवसागर से तर गया। - योग वशिष्ठ

➤ अहंकार करना मूर्ख का काम है। - शेख सादी

➤ अहिंसा परम धर्म, तप और ज्ञान है। - श्रीमद् भागवत

➤ अच्छे व्यवहार की दूसरे से अपेक्षा रखते हो, तो तुम्हें भी दूसरे के प्रति अच्छा व्यवहार करना है। - ल्यूक

➤ क्रोध को प्रेम से विजय करें, बुराई को भलाई से विजय करें। - धम्मपद

➤ लोभ को उदारता से विजय करें, असत्य को सत्य से विजय करें। - धम्मपद

➤ जिस कथन को आचरण में न उतारा जाए, उसमें शक्ति नहीं होती। - श्री सत्य साईं बाबा

➤ जो अपने को नहीं जानता, तो वह दूसरों को क्या जानेगा। - आचार्य वर्णी

➤ दूसरा तुम्हारी प्रशंसा करे, नाकि तुम्हारा अपना मुख। - पूर्व निधान

➤ आत्मप्रशंसा मरण है, और दूसरे की निंदा भी वैसी ही है। - अज्ञात

आत्मविश्वास

➤ यदि तुममें राई के दाने के बराबर भी आत्मविश्वास है तो तुम्हारे लिए कोई भी कार्य असंभव नहीं है। - राष्ट्रपिता महात्मागांधी

- ➤ आपके कार्य की नींव आपका आत्मविश्वास है। - स्वेट मार्डेन

- ➤ आत्मविश्वास ही है वह अद्भुत, अदृश्य, अनुपम शक्ति, जिसके बल पर आप अपने लक्ष्य की ओर अग्रसर होते हैं। - स्वेट मार्डेन

- ➤ जिस मनुष्य को आत्मविश्वास नहीं, वह कभी भी महत्वपूर्ण कार्य नहीं कर सकता है। - गणेशप्रसाद वर्णी

- ➤ जिसका आत्मबल पर विश्वास है उसकी हार नहीं होती; क्योंकि आत्मबल की पराकाष्ठा का अर्थ है मरने की तैयारी। - महात्मा गांधी

आत्मा

- ➤ आत्मा शरीर का स्वामी, सारथी रथों का स्वामी परंतु कभी घोड़े और कभी सारथी रथों में बागी हो जाते हैं। तब वे मनमानी करने लगते हैं। - गुरुदत्त

- ➤ सागरों से बड़ी वस्तु आकाश, आकाश से बड़ी है मनुष्य की आत्मा। - विक्टर ह्यूगो

- ➤ तुम्हारा शरीर कितना भी बदल जाए परंतु आत्मा और सच्चे ज्ञान की महत्ता अमर रहती है। - श्री सत्य साईं बाबा

- ➤ आत्मा जिस कार्य से सहमत न हो, उस कार्य के करने में शीघ्रता न करें। - गणेशप्रसाद वर्णी

आदत

- ➤ हर वर्ष एक बुरी आदत को मूल से खोदकर फेंका जाए तो कुछ वर्षों में बुरा से बुरा व्यक्ति भी भला हो सकता है। - सुकरात

- ➤ आदत रस्सी के समान है, नित्य इसमें हम एक बट देते हैं और अंत में हम इसे तोड़ नहीं सकते। - ऐचमैन

- ➤ यदि कोई युवक अपनी आदतों और सिद्धांतों, उद्देश्यों और योजनाओं के प्रति जागरुक नहीं है तो उसका जीवन नर्क के समान है। -ऐचमैन

- ➤ आदर्श विहीन मनुष्य, मल्लाह रहित नौका जैसा है। - सुकरात

➤ हमारे आदर्श ही हमारे समाज की आशा हैं। - सुभाषचंद्र बोस

आनंद

➤ जीवन का वास्तविक आनंद, प्रेम के द्वारा ईश्वर को पा लेने में है। - एमिएल

➤ प्रकृति की व्यवस्था ही ऐसी है, वह बहता हुआ झरना है, सहता हुआ सरोवर नहीं। - गुडेज

➤ सच्चा आनंद मनुष्य को दयावान और समझदार बनाता है और उस आनंद का दूसरे लोग भी सदैव फायदा उठाते हैं। - मोण्टेस्क

➤ पवित्रता की राह ही, आनंद की राह है। - इमन्स

➤ जीवन है तो आनंद है, और परिश्रम है तो जीवन है। - लियो टॉलस्टॉय

➤ आनंद का पहला स्रोत है स्वास्थ। - कर्टिस

➤ आनंद एक बहाव, प्रवाह, धारा है। - ओशो

➤ सदाचारी, श्रध्दावान मनुष्य सौ वर्षों तक जीवित रहता है, चाहे वह सवा प्रकार के शुभ लक्षणों से हीन हो। - मनुस्मृती

➤ जीवन तो वायु से भी चंचल 'कमल पत्र' पर स्थित जलबिंदु के समान है। - भानुपत्र (रसतरंगिणी)

आयु

➤ जिस तरह भरी हुई नदी चली ही जाती है, रुकती नहीं; उसी प्रकार मनुष्यों की आयु चली ही जाती है, रुकती नहीं है। - जातक

➤ जीवन केवल कुछ दिनों का है। - संत तुकाराम

आलस्य

➤ जो आलस्य नहीं करता, उसके परिश्रम में कमला बसती है। - तिरुवल्लुवर

- ➤ आलस्य जीवित मानव की कमी है। - कूपर

- ➤ आलस्य से देह और मन दोनों ही कमजोर होते हैं। - उड़िया बाबा

- ➤ आलस्य में जीवन बिताना आत्महत्या के समान है। - सुकरात

- ➤ निठल्ला बैठा रहकर खाने वाला श्रेष्ठ मनुष्य भी पापी है। - ऐतरेय ब्राह्मण

- ➤ काहिली की शुरुआत मकड़ी के जाले से होती है किंतु उसका अंत होता है, लोहे की जंजीरों में। - एम. हेल

- ➤ आलसी व्यक्ति की कोई भी इच्छा कभी पूर्ण नहीं होती, वे हमेशा आज के काम को कल पर टाला करते हैं, यही आलसी व्यक्तियों का राग है। - अल्बर्ट आइंस्टीन

आशा

- ➤ आशा उत्साह की जननी है, तेज है, जीवन है, संसार की संचालन शक्ति है। - प्रेमचंद

- ➤ धन्य है वह जो आशा नहीं रखता, क्योंकि उसे कभी निराश नहीं होना पड़ेगा। - अलेक्जेंडर पॉप

- ➤ जिसके पास उम्मीद है, वह लाख बार हारकर भी नहीं हारता। - रघुवीरशरण 'मित्र'

इच्छा

- ➤ इच्छा कभी तृप्त नहीं होती, किंतु अगर कोई मनुष्य उसको त्याग दे तो वह उसी समय संपूर्णता को प्राप्त कर लेता है।- तिरुवल्लुवर

- ➤ इच्छा ही नरक है, सारे दुःखो का आगार है, इच्छाओं को छोड़ना स्वर्ग प्राप्त करना है। - एलिस जेम्स

- ➤ इच्छाओं से ऊपर उठ जाओ, वे पूरी हो जायेंगी। - स्वामी रामतीर्थ

- ➤ इच्छा से दुःख, भय आता है जो इच्छाओं से मुक्त है वह न दुःख जानता है, न भय। - महात्मा बुद्ध

> जिसने अपनी इच्छाओं का दमन करके मन पर विजय और शांति पा ली है तो चाहे वह राजा हो अथवा रंक, उसे जगत में सुख ही सुख है। - हितोपदेश

> मानव की आवश्यकता पूर्ण हो सकती है, इच्छा नहीं। – बानार्ड शॉ

> धनवान होते हुये भी जिसकी इच्छा कम नहीं हुई है, वह सबसे अधिक गरीब है। - विनोबा भावे

इतिहास

> इतिहास विश्वास की नहीं, विश्लेषण की वस्तु है। - यशपाल

> इतिहास केवल देखना नहीं, चिंतन भी है। - डॉ. राधाकृष्णन

> इतिहास का प्रयोजन, वर्तमान समय और उसके अनुसार कर्तव्य को महत्त्व देना है। - एमर्सन

ईमानदार

> जो व्यक्ति छोटे-छोटे कामों को ईमानदारी से करता है, वही बड़े कामों को भी ईमानदारी से कर सकता है। - सैम्युअल स्माईल

> ईमानदार मनुष्य ईश्वर की सर्वोत्तम रचना है। – अलेक्जेंडर पॉप

> ईमानदारी वैभव का मुह नहीं देखती, वह मेहनत के पालने पर किलकारियाँ मारती है। - रांगेय राघव

ईर्ष्या

> ईर्ष्या करने वाले के लिए ईर्ष्या की बला ही काफी है, क्योंकि उसके दुश्मन उसे छोड़ भी दें तो भी उसकी ईर्ष्या ही उसका सर्वनाश कर देगी। - तिरुवल्लुवर

> ईर्ष्या अपनी हीनता के बोध में से जन्म लेती है और वह उस हीनता को दूर नहीं करती सिर्फ दबाती है। - जीनेंद्र कुमार

ईश्वर

- ईश्वर से अधिक निकटतम कोई वस्तु नहीं है। - स्वामी रामतीर्थ

- ईश्वर की कोई बौद्धिक परिभाषा नहीं दी जा सकती, उसको आत्मा के सहारे अनुभव किया जा सकता है। - डॉ. राधाकृष्णन

- ईश्वर का पता हृदय को है, मस्तिष्क को नहीं। - पासकल

- नरक की गहराइयों में भी परमेश्वर है। - विलियम ब्लेक

- तुम परमेश्वर को भले ही न पहचानो, कम से कम उसके लक्षणों को तो पहचानो। - अल हजाद

- जो तलवार पर भरोसा रखता है, वह ईश्वर पर भरोसा नहीं रखता। - महात्मा गांधी

- ईश्वर को नापना आसमान पर लिवास चढ़ाने के समान है। - संत ज्ञानेश्वर

- हमें अपने आपको नहीं, अपने उत्तरदायित्वों को गंभीरता से लेना चाहिए। - पीटर उस्तीनोव

- उत्साह आदमी की भाग्यशीलता का पैमाना है। - तिरुवल्लुवर

- उद्योग ही धन-संपत्ति का मूल कारण है, और उघोगी न होना अनर्थों का कारण है। - चाणक्य

- निकट प्रसंगों में जो लोगों की मदद करता है, गिरतों को थामता है; उसे उसके संकट की स्थिति में परमेश्वर बचाता है। - हजरत मुहम्मद

उदार

- उधार दे देकर धनवान बनता है, लोभी जोड़ -जोड़ कर निर्धन बनता है। - जर्मन कहावत

- उदार व्यक्ति जब तक जीवित रहता है आनंद से रहता है, और तंग दिलवाला जीवनभर दुःखी रहता है। -कैस- बिन - इलखतीम

- उत्साही के लिए तीनों लोकों में कुछ भी दुर्लभ नहीं। - वाल्मीकि रामायण

- उदारता पापों को ऐसे बदल देती है, जैस पारस पत्थर लोहे को छूते ही बदल देता है। - शेख सादी

- आपत्ति ही मानव का सबसे बड़ा शिक्षक है। - डिजरायली

कठिनाई

- बिना रगड़ के रत्न पर पालिश नहीं होती, कठिनाइयों के बिना मानव में पूर्णता नहीं आती। - लाओत्सेज

- कठिनाईयों में ही मानव की परीक्षा होती है। - फील्डिंग

- कठिनाईयों से घबराकर कभी अपना आत्मविश्वास नहीं खोना चाहिए। - डिजरायलो

- कठिनाइयाँ हमें आत्मज्ञान की शिक्षा देती हैं कि हम किस मिट्टी के बने हैं। - पं. जवाहरलाल नेहरु

कंजूस

- कंजूस का गड़ा हुआ धन धरती से तभी बाहर निकलता है, जब वह स्वयं धरती में गड़ जाता है। - फारसी कहावत

- दान देने वाले अपने दास से मीठा फल खाते हैं, कंजूस व्यक्ति अपने चांदी-सोने का गम खाते हैं। – शेख सादी

- धनिक कंजूस निर्धन से भी निर्धन है। - अरबी कहावत

- जो कंजूस हैं और दूसरों को भी कंजूस बनने का उपदेश देते हैं तथा ईश्वर की दी गई संपत्ति को छिपाने का प्रयत्न करते हैं, उन्हें परमेश्वर चाहता नहीं। - कुरान शरीफ

- अपने सामने केवल एक साध्य रखो एवं इस कार्य में दिल से लग जाओ और कहीं भी ध्यान केंद्रित न करो, सफलता निश्चित मिलेगी। - स्वामी विवेकानंद

- यदि जीवन में प्रगति करने और बुद्धिमानी की कोई बात है तो वह एकग्रता है, और यदि कोई खराब बात है तो वह है अपनी शक्तियों को बिखेर देना। - एमर्सन

➤ जो कुछ करना चाहते हैं उसे निश्चय चित्त से करो, संदेह की तुला पर आरूढ़ होने की अपेक्षा नीचे रहना ही अच्छा है। - गणेशप्रसाद वर्णी

➤ अनिश्चितमना पुरुष भी मन को एकाग्र करके जब सामना करने को खड़ा हो जाता है तो आपत्तियों का लहराता हुआ समुद्र भी दबकर बैठ जाता है। - तिरुवल्लुवर

कर्तव्य

➤ कर्तव्य का पालन ही चित्त की शांति का मूल मंत्र है। - प्रेमचंद

➤ दुनिया का कोई तन ऐसा नहीं है, जो कर्तव्य से रिक्त हो। - सिसरो

➤ विश्व में सबसे निकृष्ट व्यक्ति वह है, जो अपना कर्तव्य जानते हुए भी उसका पालन नहीं करता। - एम.हेनरी

➤ प्रत्येक मनुष्य का वास्तविक जीवन रक्षक तो उसका कर्तव्य ही है। - जी.बी.एर्मसन

➤ प्रभु आपदाओं का भला करें क्योंकि इन्हीं के द्वारा हमें अपने शत्रुओं और मित्रों को परखने का अवसर मिलता है। - अज्ञात

➤ जीवन ही कर्म है, मृत्यु कर्म का अंत। - ओशो

कार्य

➤ मैं अधूरे कार्य करना पसंद नहीं करता, यदि वे ठीक हैं तो पूरा करो अन्यथा उन्हें छोड़ दो। - गैलेन

➤ कार्य करने से आनंद सदा न मिले, किंतु बिना कार्य किये आनंद नहीं है। - डिजरायलो

➤ हर अच्छा कार्य पहले असंभव दिखता है। - कार्ताइल

➤ प्रभु उस मनुष्य की कभी सहायता नहीं करते, जो स्वयं कार्य नहीं करता। - सोफोक्लीज

➤ किसी तरह के कार्य से भागना अपना अस्तित्व खो देने के समान है, ऐसे मनुष्य का कोई वजूद नहीं होता। - विनोबा भावे

➤ बड़े कार्य छोटे कार्यों से आरंभ करने चाहिए। -शेक्सपियर

- हर कार्य का समय होता है, हर समय के लिए कार्य होता है। - बाइबिल

- कर्म करते समय मनुष्य अपने दुःख को भी भूल जाता है। - स्वामी रामतीर्थ

- धन्य है वह पुरुष जो कार्य करने से कभी पीछे नहीं हटता, भाग्य-लक्ष्मी

- उसके घर की राह पूछती हुई आती हैं। - भगवान महावीर

कर्म

- शुभ कर्म से सुख तथा पाप कर्म से दुःख होता है, सर्वत्र कर्म ही फल देता। - वेद व्यास

- अपने किए हुए शुभ और अशुभ कर्मों का फल अवश्य ही भोगना पड़ता है। - नारद पुराण

- सकर्मशील व्यक्ति के लिए हवाएं मधु बहाती हैं। - ऋग्वेद

- कार्य की अधिकता से उकताने वाला व्यक्ति कभी कोई बड़ा कार्य नहीं कर सकता। - अब्राहम लिंकन

- जो मनुष्य कार्य करने में प्रसन्नता अनुभव करता है उसे उत्साह एवं उल्लास के साथ करता है, वह बेकारी के दल-दल में कभी नहीं फँस सकता। - एलिस जेम्स

कविता

- जो कविता वासना से उत्पन्न होती है वह सदा नीचे गिराती है, वास्तविक हार्दिकता से उत्पन्न कविता सदा सभ्य और उच्च बनाती है। - हॉपकिन्स

- सबसे अच्छी कविता वह है जो हृदय को सबसे अधिक झंझोर दे, वह उस प्रभु के सबसे अधिक समीप आ जाती है जो कि सर्वशक्ति का स्त्रोत है। - लेवेरर

- कानून के चोर से कानून की ढाल ही बचा सकती है। - यशपाल

- क्या बिल्ली कभी चूहों के लिए उचित कानून बना सकती है। - जॉन ब्राइट

- यदि सब कानून रद्द कर दिए जाएँ, तब भी हमारी जीवन प्रणाली में कोई खास अंतर नहीं पड़ेगा। - अरिस्टीयस

➢ यह मानना कि हम कुछ नहीं कर सकते, सबसे बड़ी कायरता है। इसे त्यागो और पुरुषार्थ को जागृत करो, फिर देखोगे कि तुम्हारी उन्नति तुम्हारे हाथ में है। - गणेश प्रसाद वर्णी

कुकर्म

➢ कुकर्म करते समय मीठे और सुखदायी लगते हैं, और कर्मफल भोगते समय दुःख दायी। - धम्मपद

➢ ताजा दूध जिस प्रकार शीघ्र नहीं बिगड़ता, उसी प्रकार कुकर्मी का फल शीघ्र नहीं मालूम होता! किन्तु वह राख में दबी हुई अग्नि की तरह विघमान है। - महात्मा बुद्ध

काल

➢ काल नित्य ही लोगों का हरण कर रहा है, वह बुढ़ापे की प्रतीक्षा नहीं करता। - अश्वघोष

➢ काल भी काल का उल्लघंन नहीं कर सकता, काल कभी क्षीण नहीं होता। - महर्षि बाल्मीकि

➢ दुर्जन के संग से बढ़कर और कोई दुःख नहीं है। - स्वामी सुंदरदास

क्रोध

➢ क्रोध क्षणिक पागलपन है, इसे बस में करो अन्यथा यह तुम्हें बस में कर लेगा। - होरेस

➢ जिस क्षण क्रोध मस्तिष्क पर अपना शासन जमा लेता है, उसी क्षण विचार शक्ति शून्य हो जाती है। - हेनरी

➢ क्रोध का पता हमें तब चलता है जब हम क्रोध कर चुके होते हैं। - ओशो

➢ क्रोधी मानव का स्वभाव ऐसे तिनके के समान होता है जिसे क्रोध की आंधी कभी भी उड़ा ले जा सकती है। - शेक्सपियर

➢ क्रोध कभी योग्य से योग्य व्यक्ति को भी मूर्ख बना देता है। - ला रोशेफूकाहड

- जिस अग्नि को तुम शत्रु के लिए जलाते हो, वह बहुधा तुम्हें अधिक जलाती है। - चीनी कहावत

- आदमी की तमाम कामनाएँ तुरंत पूरी हो जाया करें, यदि वह अपने क्रोध को दूर कर दे। - तिरुवल्लुवर

- वृक्ष अपने काटने वाले को भी छाया देता है। - चेतन त्रिभू

क्षमा

- मित्र की अपेक्षा शत्रु को क्षमा करना सहज है। - सर हूक

- क्षमा करने से ही मानव क्षमा का पात्र बनता है। - अज्ञात

- दूसरों की बहुत सी बातें क्षमा कर दो, किंतु अपनी कोई नहीं। - सर फ्रांसिस

- जो क्षमा करता है और (बीती बातों को) भूल जाता है, उसे परमेश्वर की ओर से पुरस्कार मिलता है। - कुरान शरीफ

- क्रोध में मनुष्य अपनों का अपमान कर अपनी प्रतिष्ठा भी गँवाता है। - संत ज्ञानेश्वर

- जिस प्रकार उबलते हुए जल में हम अपना प्रतिबिंब नहीं देख सकते, उसी तरह क्रोधी बनकर हम नहीं समझ सकते कि हमारी भलाई किस बात में है। - अज्ञात

- जो मानव अपने क्रोध से बच सकता है, वही अपने जीवन को सुखी बना सकता है। - सुकरात

- जो क्रोध को समझदारी से घर के बाहर निकाल देता है और द्वार की चटकनी लगा देता है, वह व्यक्ति समझदार है। - प्लूटार्क

गलती

- गलती तो केवल उसी से नहीं होगी, जो कभी कोई काम करें ही नहीं। - जेनिन

- गलती तो हमारे मानवीय चिंतन का साथी है। - महर्षि अरविंद घोष

- मनुष्य को यह स्वीकार करने में लज्जा नहीं होनी चाहिए कि वह गलती पर है। - स्विफ्ट

- कोई भी व्यक्ति अनेक और बड़ी गलतियाँ किए बिना कभी महान नहीं हुआ। - विलियम ग्लैडस्टन

- गलती करना मनुष्य का काम है परंतु जानबूझकर गलती पर जमें रहना, शैतान का काम है। - संत ऑगस्टाइन

- कठोर बात ही दुनिया में सबसे कमजोर होती है। - शरतचंद्र

गाली

- गाली का सामना हमें सहनशीलता से करना चाहिए। - अज्ञात

- गाली देकर सिर्फ अपमान ही किया जा सकता है, मन की प्रतिष्ठा नहीं की जा सकती। - शरतचंद्र

गुण

- गुणी पुरुष का आश्रय लेने से गुणहीन भी गुणी हो जाता है। - चाणक्य नीति

- गुणीजनों के लिए कुछ भी असभ्य नहीं है। - शुद्रक

- घोड़ा अपने साज से नहीं गुणों से जाना जाता है, उसी प्रकार व्यक्ति की कद्र उसके धन से नहीं सद्गुणशीलता से होती है। - सुकरात

- तुम्हारे मुख पर दाग है तो चिंता की बात नहीं, यदि तुम्हारे हृदय में दाग है तो उसे जितना शीघ्र मिटा सको वही अच्छा है। - लांगफेलो

- हम बहुधा दूसरों के गुणों की अपेक्षा उसकी गलतियों से अधिक सीख लेते है। - लांगफेलो

- गुणों से ही मानव महान होता है सिंहासन पर बैठने से नहीं, पेड़ के उच्च शिखर पर बैठने से भी कौंवा गरुड़ नहीं हो सकता है। - आचार्य चाणक्य

- कस्तूरी को अपनी उपास्थिति कसम खाकर नहीं प्रमाणित करनी पड़ती है। - शेस्टन

- राजा हो या कृषक, सबसे सुखी वह है जो कि अपने घर में शांति पाता है। - गेटे

- आदमी बाहर से थका-मांदा आता है तो उसे घर में आराम मिलता है। - प्रेमचंद

- स्वामी से घर की शोभा होती है, घर से स्वामी की नहीं। - सिसरो

गुरु

- यदि सिर देकर भी गुरु मिल जाए तो भी सस्ता समझो। - संत कबीर

- गुरु ऐसे कुम्हार हैं कि शिष्य रूपी घड़े को गढ़ते-गढ़ते उसके दोष निकालते हैं, भीतर हाथ का सहारा देकर बाहर चोट मारते हैं। - संत कबीर

घृणा

- घृणा को घृणा से नष्ट नहीं किया जा सकता, घृणा को दूर करने के लिए प्रेम की आवश्यकता है।- महात्मा बुध्द

- जो आदमी दूसरी जाती से घृणा करता है, समझ लीजिए कि वह ईश्वर से घृणा कर रहा है। - बेकन

- घृणा हृदय का दीवानापन है। - बेकन

- जो बदला लेने की सोचता है, वह अपने ही घावों को हरा रखता है जोकि भरकर अच्छे हो गए होते हैं। - बेकन

- किसी से घृणा मत करो, सब को हृदय से लगाओ। - महावीर स्वामी

- घृणित वह नहीं जिससे घृणा की जाती है, अपितु घृणित वह है जो घृणा करता है। - महावीर स्वामी

चरित्र

- वाणी से बढ़कर चरित्र की निश्चित परिचायिका और कोई चीज नहीं है। - डिजरायली

- चरित्र ऐसा हीरा है जो अन्य सभी पाषाण-खण्डों को कांट देता है। - वाल्टेयर

- मनुष्य की महानता उसके कपड़ों से नहीं, अपितु उसके चरित्र से आंकि जाती है। - अज्ञात

- ➢ मानवीय गुणों और अवगुणों को जाँच हेतु छोटी सी बात, छोटे से परिहास, छोटे से कार्य का भी मनुष्य के असल चरित्र पर काफी बड़ा प्रभाव पड़ता है। - प्लूटार्क

- ➢ चरित्र दो वस्तुओं से बनता है, आपकी विचारधारा से और आपके समय बिताने के ढंग से। – हर्बर्ट

- ➢ जिस मानव का अपने ऊपर काबू नहीं है और दुर्बल चरित्र वाला है, वह उस सरकंडे के समान है जो वायु के एक ही झोंके पर झुक जाता है। - कनफयूशियस

- ➢ चरित्रवान होने से हमें सबकुछ उपलब्ध हो सकता है, जबकि बिना चरित्र के हम प्रत्येक वस्तु खो देते हैं। - मा.स. गोलवलकर

चिंता

- ➢ चिंता मनुष्य को धीरे-धीरे खा जाने वाला रोग है। - भगवती चरण वर्मा

- ➢ हमारी चिंताएँ सदैव हमारी कमजोरियों के कारण होती हैं। - जोबर्ट

- ➢ मुझे निश्चय है कि चिंता जीवन का शत्रु है। - शेक्सपियर

- ➢ विस्तर पर चिंताओं को ले जाना, अपनी पीठ पर गठरी बांधकर सोने जैसा है। - थॉमस सी हैलीबर्टन

- ➢ चिंता एक काली दीवार की भाँति चारों ओर से घेर लेती है, जिससे निकलने की कोई गली नहीं सूझती। - प्रेमचंद

- ➢ चिंता मनुष्य को खोखला बनाती है। - अज्ञात

- ➢ चिंता चिता के समान है। - जर्मन कहावत

चेहरा

- ➢ जिस चेहरे को देखकर हृदय प्रसन्न नहीं होता वह देखने योग्य नहीं, जिस शब्द में सुन्दर भावना न हो वह सुनने योग्य नहीं। - फारसी कहावत

- ➢ शानदार रौबीला चेहरा किस काम का जबकि दिल के अंदर बुराई भरी हुयी है, दिल इस बात को जानता है। - तिरुवल्लुवर

➢ जिस तरह बिल्लौरी पत्थर पास वाली चीज का रंग धारण करता है, उसी तरह चेहरा भी दिल की बात को प्रकट करने लगता है। - तिरुवल्लुवर

➢ जो अपने हिस्से का काम किए बिना ही भोजन पाते हैं, वे चोर हैं। - अज्ञात

चोर

➢ क्या हम नहीं जानते कि हम छोटे चोरों को सजा देते हैं और बड़े चोरों के आगे अभिवादन करते हैं। - जर्मन कहावत

➢ चोर- चोर मौसेरा भाई। - अज्ञात

➢ जितने से मनुष्य का पेट भरे उतने पर ही उसका अधिकार है, उससे अधिक संचय करने वाला चोर है। - श्रीमद् भागवत गीता

➢ चोर के दाढ़ी में तिनका। - अज्ञात

➢ चोरी करना पाप है क्योंकि यदि समाज का प्रत्येक व्यक्ति चोरी करने लगे तो समाज में गडबड़ी मचेगी और समाज उसी दिन समाप्त हो जायेगा। - भगवती चरण वर्मा

संसार

➢ संसार महापुरुषों की प्रयोग शाला है। - हरिभाऊ उपाध्याय

➢ हम दुनिया को नहीं बदल सकते मगर दुनिया के प्रति अपना दृष्टिकोण बदल सकते हैं। - स्वामी रामदास

➢ ब्रम्ह सत्य है, जगत उसकी स्फूर्ति है। - विनोबा भावे

➢ अंतरंग जितना उज्ज्वल होगा, जगत उतना ही मंगल होगा। - संत ज्ञानेश्वर

➢ संसार एक पुस्तक है, किंतु जो पढ़ नहीं सकता उसके लिए कोई काम की नहीं। - गोहडीनी

➢ संसार में रहो लेकिन संसारी न बनो। - स्वामी रामकृष्ण परमेश्वर

➢ संसार चिंतन से तुम जितने ही ऊपर होगे, संसार तुमसे उतना ही अधिक प्रेम करेगा।
-उड़िया बाबा

➢ जनतंत्र में एक मतदाता का अज्ञान, सबकी सुरक्षा को संकट में डाल देता है।
-केनेडी

➢ जब जनता एक हो जाती है तब उसके सामने जालिम से जालिम की हुकूमत नहीं टिक सकती। - यशपाल

➢ जीवन तो अनंत है और मृत्यु उस अनंतवा का द्वार है। – जैनेन्द्र कुमार

जीवन

➢ जीवन के दुर्गम पथ में जीत उसी की होती है जो धैर्य के साथ बढ़ता जाता है। - भगवती प्रसाद बाजपेयी

➢ जिंदगी हम सबके साथ खेल करती है जो इसको खेल नहीं मान सकते हैं, वे ही एक-दूसरे की शिकायत और आलोचना करते हैं। - जैनेन्द्र कुमार

➢ केवल वह जीवन काम का है जिसे दूसरों के लिए जिया जाए। - आइंस्टाइन

➢ जीवन का रहस्य है, नि: स्वार्थ सेवा। - स्वामी विवेकानंद

➢ जीवन, भोग और आनंद की वस्तु नहीं; साधना, त्याग और समर्पण की निधि है। - आचार्य श्रीराम शर्मा

➢ जो जीवन को उसकी पूर्णता और समग्रता में जीते हैं, वे मृत्यु को भी आनंद से जीने में समर्थ होते हैं। - ओशो

➢ अपना जीवन लेने के लिए नहीं, देने के लिए है। - स्वामी विवेकानंद

➢ हम सदैव जीवित रहने की तैयारी करते रहते हैं, जीते कभी नहीं। - एमर्सन

➢ जीवन में कुछ करना चाहते हो तो कमर कसकर काम में लग जाओ और कार्य को पूरा कर दिखाओ। - चीनी कहावत

➢ जहाँ वास्तविक आत्म-त्याग नहीं, वहाँ वास्तविक जीवन नहीं। - एस.जी. मिल्स

- जीवन न मनोविनोद का स्थान है, न अशुओं का स्थान, जीवन एक सेवा सदन है। - महात्मा रालस्टाय

- जीवन एक संघर्ष है; पग-पग हमें लड़ना पड़ता है, युध्द करना पड़ता है कायम रहने के लिए। - भगवती प्रसाद बाजपेयी

ज्ञान

- जो ज्ञानियों के साथ चलता है, वह अवश्य ही ज्ञानी हो जायेगा। - सुलेमान

- ज्ञानी हर बात की अपने से आशा रखता है, मूर्ख दूसरों की ओर ताकता है। - जीनपाल

- ज्ञानवान को जगत में कोई भी झंझट नहीं रह जाती। - ओशो

- जो दूसरों को जानता है वह विद्वान है, लेकिन जो स्वयं को जानता है वह ज्ञानी है। - लाओत्से

- ज्ञान प्राप्ति उसके लिए सहज है जो बुद्धिमान है। - बाइबिल

- रात-रातभर प्रार्थना करने की अपेक्षा एक घंटा भी दूसरों को ज्ञान देने में खर्च करना अधिक अच्छा है। - इजरत मुहम्मद

- मेघ चाहे उपाधियाँ या जागीरें बरसा दें, धन चाहे हमें खोजे किंतु ज्ञान को तो हमें ही खोजना पड़ेगा। - यंग

- वही ज्ञान सच्चा ज्ञान है जिससे मन और हृदय पवित्र हों, सब ज्ञान का विपर्यास है। - स्वामी रामकृष्ण परमहंस

- ज्ञान प्राप्त करने के लिए जो घरबार छोड़ता है, वह परमेश्वर के मार्ग पर चलने लगता है। - हजरत मोहम्मद

- ज्ञानी वह है, जो जगत का यथार्थ रुप जाने। - संत ज्ञानेश्वर

- ज्ञानी वह है, जो वर्तमान को ठीक से पढ़ सके और परिस्थिति के अनुसार चल सके। - होमर

तप

➢ ब्राह्मण का तप ज्ञान है और क्षत्रिय का तप कमजोर की रक्षा करना। - मनु

➢ तपस्या जीवन की सबसे बड़ी कला है। - अज्ञात

➢ तप और ताप की विभाजक रेखा पहचानना जरुरी है। - विनोबा भावे

➢ अपने जीवन के दीपक को तू तपस्या से प्रकाशित कर, ताकि भाग्यशालियों के समान तू भी भाग्यशाली हो। - शेख सादी

➢ मानव और देवों के सभी सुखों का मूल तप है। - मनु

➢ तप के द्वारा ही विश्व विजय प्राप्त होती है। - शतपत ब्राह्मण

➢ तप समस्त कामनाओं को यथेष्ट रुप से पूर्ण कर देता है, इसलिए लोग दुनिया में तपस्या के लिए उद्योग करते हैं। – तिरुवल्लुवर

➢ प्रिय, हितकारी यथार्थ सत्यभाषण और स्वाध्याय का अभ्यास, ये सब वाणी के तप कहे जाते हैं। - भगवत गीता

तर्क

➢ तर्क केवल बुद्धि का विषय है, हृदय कि सिद्धि तक बुद्धि नहीं पहुँच सकती; जिसे बुद्धि माने मगर हृदय न माने वह व्यर्थ है। - अज्ञात

➢ जो तर्क को सुने ही नहीं वह कट्टर है, जो तर्क कर ही न सके वह मूर्ख है और जो तर्क करने का साहस ही न कर सके, वह गुलाम है। - ड्रमण्ड

➢ यदि तुझे निरर्थक तर्क-वितर्क में आनंद आया करता है तो हो सकता है कि तू मिथ्या वादियों से भिड़ने योग्य हो, किंतु इसका तुझे आभास भी न होगा कि मानवों से प्रेम किस प्रकार किया जाता है। - सुकरात

तृष्णा

➢ मानव में सद्गुण तभी तक हैं, जब तक वह तृष्णा से दूर है। - योगवंहि

- जिस प्रकार काठ अपने ही अंदर से प्रकट हुई अग्नि-द्वारा भस्म होकर खत्म हो जाता है, उसी प्रकार मनुष्य अपने ही भीतर रहने वाली तृष्णा से नाश को प्राप्त होता है। - वैशम्पायन

- तृष्णा का स्पर्श होते ही सब गुण गायब हो जाते हैं। - योगवंशिक

- नाग के द्वारा आधा निगल जाने पर भी मेढक मक्खियों को खाता रहता है, उसी तरह तृष्णांध पुरुष अवस्था के ढल जाने पर भी विषय सेवन करता है। - जगद्गुरु शंकराचार्य

- दुर्जेय तृष्णा पर जो अधिकार पा लेता है उसके शोक इस प्रकार झड़ जाते हैं, जिस प्रकार कमल के पत्ते पर से जल बिंदु। - अज्ञात

त्याग

- त्याग का अर्थ है अपना सर्वस्व सत्य को अर्पण करना। - स्वामी रामतीर्थ

- जिस त्याग से अभिमान उत्पन्न होता है वह त्याग नहीं, त्याग से शांति मिलनी चाहिए। अंतत: अभिमान का त्याग ही सच्चा त्याग है। - विनोबा भावे

- त्याग से अनेक प्रकार के सुख उत्पन्न होते हैं इसलिए अगर तुम उन्हें अधिक समय तक भोगना चाहो तो शीघ्र त्याग करो। - तिरुवल्लुवर

- धन से नहीं और संतान से भी नहीं, अमृत-स्थिति की प्राप्ति केवल त्याग से ही होती है। - स्वामी विवेकानंद

- त्याग यह नहीं है कि मोटे और तंग वस्त्र धारण कर लिए जायें और सुखी रोटी खायी जाए, त्याग तो यह है कि अपनी आरजू, इच्छा और ख्वाहिश को जीता जाए। - सूफियान सौरी

- जिन्होंने सब कुछ त्याग दिया वे मुक्ति के मार्ग पर हैं, बाकी सब मोह जाल में फँसे हैं। - तिरुवल्लुवर

दया

- मुझे केवल दया के लिए भेजा गया है, श्राप देने के लिए नहीं। - हजरत मुहम्मद

- ➤ जो दूसरों के कष्ट में दया दिखाता है वह स्वयं दु:ख से छूट जाएगा, और जो दूसरे के दु:ख की अवगणना करता है उसकी खुशी मनाता है वह कभी- न-कभी उसमें स्वयं जा पड़ेगा। - सर वाल्टर रेले

- ➤ दूसरे की दया सब लोग खोजते हैं, और स्वयं करनी पड़े तो कान पर हाथ रख लेते हैं। - जयशंकर प्रसाद

- ➤ दयालु बनने में कुछ खर्च नहीं पड़ता। - अज्ञात

- ➤ दयावान वह है जो पशुओं के प्रति दयावान हो। - बाइबिल

- ➤ दया ऐसी सेविका है कि वह अपने स्वामी को भिक्षुक की स्थिती में मरते नहीं देख सकती। - सैकर

- ➤ जो असहाय पर दया नहीं करता, उसे शक्तिशालियों के अत्याचार सहने पड़ते हैं। - शेख सादी

- ➤ मानव को दयालुओं के ही पड़ोस में रहना चाहिए, जो दयालु और चिंता रहित है वही श्रेष्ठ मानव है। - कन्फ़्यूशियस

दरिद्रता

- ➤ विश्व में दरिद्रता के समान कोई कष्ट नहीं है। - वाल्मिक रामायण

- ➤ दरिद्रता सब पापों की जननी है, और लोभ उसकी बड़ी संतान है। - जयशंकर प्रसाद

- ➤ दरिद्रता और मरण में दरिद्रता अधिक बुरी है क्योंकि मरण में थोड़ा कष्ट होता है जबकि दरिद्रता में अति दुस्साह कष्ट होता है। - हितोपदेश

- ➤ निर्धन को देना ही दान है, और सब प्रकार का देना उधार देने के समान है। - तिरुवल्लुवर

- ➤ जो कुछ हम दूसरों को देते हैं वास्तव में वह सब हम अपने आपको दे रहे हैं, अगर इस तथ्य को पहचान लिया तो फिर ऐसा कौन होगा जो दूसरों का न दे। - महर्षि रमण

दान

> गरीब को दान देने से तो पुण्य मिलता ही है, परंतु रिस्तेदारों और इष्टमित्रों को दान करने से एक तो दान का पुण्य और दूसरा रिस्तेदारों की मदद करने का पुण्य, इस प्रकार दुगना पुण्य मिलता है। - हजरत मुहम्मद

> उस दान में कोई पुण्य नहीं है जिसका विज्ञापन हो, दान से संपत्ति घटती नहीं बढ़ती है; अंगूरों की शाखाएं काटने से अधिक अंगूर आते हैं। - शेख सादी

> दानी के चरित्र का पता दान को अपेक्षा देने की विधि से अधिक लगता है। - लेवेटर

दुःख

> आर्थिक पराधीनता ही संसार में दुःख का कारण है, मनुष्य को उससे मुक्ति पानी चाहिए। - जयशंकर प्रसाद

> दुःख के बाद जो सुख आता है वह ज्यादा आनंदमय होता है, जैसे धूप से जले हुए को वृक्ष की छाया शांति देती है। - कालिदास

> विद्या से अलंकृत होने पर भी दुष्ट त्याज्य है, मणि से भूषित सांप क्या भयंकर नहीं होता ? – अज्ञात

> जिस प्रकार बिजली की दमक क्षणिक होती है, उसी प्रकार दुष्ट मानव की मित्रता और प्रेम भी क्षणिक है। - गोस्वामी तुलसीदास

> दुःख को यदि हम भगवान के प्रसाद के रुप में ले सकें, तो सचमुच वह जीवन को चमका सकता है।– जैनेन्द्र कुमार

> हर कोई अपने दुःख को बड़ा मानता है, दुनिया का यही कायदा है। - विमल मित्र

> दुःख जाँच-पड़ताल, विवेक और आत्म परीक्षण का प्रेरक है, वह तुम्हें आलस्य और अभिमान की निद्रा से जगाता है। - श्री सत्य साईंबाबा

> दुर्बल मानव अधिक दूर नहीं चल सकता, कहीं-न-कहीं उसे लड़खड़ा कर गिरना पड़ता है। - भगवती प्रसाद बाजपेयी

➤ सबसे बड़ी कठिनाई तब हमारे सामने आती है, जब हमको अपनी कमजोरियों का ज्ञान नहीं होता। - भगवती प्रसाद बाजपेयी

➤ गुरुत्वाकर्षण के नियम से विरोध मत करो, पैर सम्भाल कर रखो फिर आप कभी नहीं गिरोगे! आपका गिरना, आपकी हानियाँ और आपकी चोटें, आपके दुःख, आपकी चिंताएं ये सभी आपकी किसी आंतरिक दुर्बलता के कारण होती हैं; उस दुर्बलता को दूर कर दो। - स्वामी रामतीर्थ

➤ अल्पमत उघोग एवं अधिकतम लाभ चाहने के इस मानव दौर्बल्य ने हमारे राष्ट्र जीवन के सभी क्षेत्रों को ग्रसित कर रखा है। - मा.स. गोलवरकर

दुष्ट

➤ विद्वानों का कहना है की दुष्ट के साथ सदा उदासीन रहना चाहिए, उसके साथ न मित्रता करें और न उससे किसी प्रकार का संघर्ष ही करें। - गोस्वामी तुलसीदास

➤ दुष्ट सज्जनों को नहीं देख सकते, बाजारु कुत्ते शिकारी कुत्ते को देखकर भौंकते हैं किंतु उनके पास जाने का साहस नहीं करते। - शेख सादी

➤ दुष्ट बिना कारण सब से बैर करते हैं जो उनके साथ भलाई करते हैं उनके साथ भी बुराई करते हैं, उनका झूठा ही लेन-देन है। - गोस्वामी तुलसीदास

दुर्जन

➤ भले लोग स्वर्ग यात्रा के लिए जितने कष्ट उठाते हैं उससे अधिक कष्ट दुर्जन नरक यात्रा के लिए उठाते हैं।- विलिंग्ज

➤ दुर्जन के सामने अपनी आवश्यकता बताने से तुम्हें सिवाय कष्ट के कुछ नहीं मिलेगा। - शेख सादी

➤ जो अपने स्वार्थ के लिए दूसरे को क्षति पहुँचाए, वह दुर्जन है। - ब्रम्ह चैतन्य

➤ तुम दूसरे की आँख का तिनका क्यों देखते हो, अपनी आँख का शहतीर तो निकाल। - बाइबिल

- क्या तुमने उस आदमी के बारे में नहीं सुना जो सूर्य को इसलिए दोष देता था कि वह उसकी सिगरेट नहीं जलाता। - कालयिल

- धन बहुधा उनके लिए दु:ख दायक होता है, जिनके पास वह होता है। - प्लूटार्क

- दौलत खाद कि तरह है, जब तक फैलायी न जाए तब तक बहुत कम उपयोगी है। - बेकन

धन

- भाग्यवान वह है जिसका सेवक धन है, और भाग्यहीन वह है जो धन का सेवक है। - हसन-अल-बसरी

- धन वह अटल सागर है, जिसमें सम्मान, विवके और सच्चाई डुबोई जा सकती है। - काऊले

- कोई व्यक्ति धन कमाकर मर जाए और हरामखोरी के लिए लड़ने, खाने के लिए छोड़ जाए, इससे बड़ा पाप नहीं है। - डेल कार्नेगी

- धन से तुमको सिर्फ रोटी मिलती है, इसे ही अपना उद्देश्य और साध्य न समझो। - स्वामी रामकृष्ण परमहंस

- दूसरों के धन की कामना मत रखो, और अपने धन की कामना नहीं रखनी चाहिए। - जगद्गुरु शंकराचार्य

- जो धन की दृष्टि से पवित्र है, वही पवित्र। - मनु

- दौलत मनुष्य को अहंकार, अय्याषी और मूढ़ता के सामने ला पटकती है। - एडीसन

- धोका देकर धन जमा करना, बस ऐसा है जैसा कि मिटटी के कच्चे घड़े में पानी भर कर रखना।- तिरुवल्लुवर

- जिनका हृदय वैर या द्वेष की आग में जलता है, उन्हें रात में नींद नहीं आती। - विदुर नीति

- राग मिलाने वाली वासना है, और द्वेष अलग करने वाली। - रामचंद्र शुक्ल

देह

➤ जितने धन से पेट भर जाए उतना ही देहधारियों का अपना है। - श्रीमद भागवत

➤ देह को कष्ट न पहुँचाते हुए धन संचय करें। - मनु

धन

➤ जिस माता -पिता के पास स्नेह नहीं होता, वही पुत्र के लिए धन का प्रलोभन आवश्यक समझते हैं। - जयशंकर प्रसाद

➤ धन से मनुष्य की तृप्ति नहीं हो सकती है।- कठोपनिषद्

➤ धन की स्वयं में कोई सत्ता नहीं है, वह केवल सुख-सुविधा प्राप्त करने का साधन है। - भगवतीचरण वर्मा

➤ मूर्ख धन के लिए जो कष्ट सहते हैं उसके संताप भाग से मोक्ष की चेष्टा करने वाले को मोक्ष की प्राप्ति हो जाती है। - पंचतंत्र

➤ धर्म जीवन को परमात्मा में जीने की विधि है, संसार में ऐसे जिया जा सकता है जैसे कि कमल सरोवर की कीचड़ में जीते हैं। - ओशो

➤ दूसरों की भलाई के समान कोई धर्म नहीं है, और दूसरों को कष्ट पहुँचाने के समान कोई पाप नहीं है। - गोस्वामी तुलसीदास

धर्म

➤ इस संसार में सुख एवं शांति से रहने के लिए जो कर्तव्य है, वही मानव धर्म है। यह प्रायः सब भले लोगों ने एक समान माने हैं। - गुरुदत्त

➤ धर्म वह है जिसे मानकर बुद्धि में नम्रता आती है, और विद्रोह का दंश नहीं रहता। - जैनेन्द्र कुमार

➤ धर्म जब मनुष्य के भावना-द्वार से हृदय तक पहुँचता है तब उसके प्रभाव से मनुष्य की विचारधारा वैसे ही विकसित हो उठती है जैसे मलय समीर से कली। - महादेवी वर्मा

- सत्य बोलें, प्रिय बोलें; यही सनातन धर्म है। - मनु

- अधर्म से जीने की अपेक्षा धर्म से मरना श्रेष्ठकर है।– थेरीगाथा

- धर्म का दान, सब दानों से बढ़कर है। - धम्मपद

- जहाँ धर्म साधना होगी, वहीं भगवान की प्राप्ति होगी। - श्री सत्य साईंबाबा

- किसी धर्म को इसलिए स्वीकार मत करो कि वह सबसे नया है, सबसे नई चीज समय की कसौटी पर परखी न जाने के कारण सदा श्रेष्ठ नहीं होती। - स्वामी रामतीर्थ

- सभी जाति के मनुष्य अधर्म का आचरण करके नरक में जाते हैं और उत्तम धर्म का आचरण करके विशुद्ध होते हैं। - जातक की सूक्तियाँ

- चालाक एवं धूर्त व्यक्ति, सीधे एवं सरल व्यक्ति के सम्मुख नितांत भौचक्का होकर रह जाता है। - कोस्टन

- जो यह कहता है कि ईमानदार व्यक्ति नामक कोई वस्तु है ही नहीं, वह स्वयं धूर्त है। - बार्कले

- विश्व में दीर्घ अनुभव के बाद दावे के साथ कहता हूँ कि मेरी जानकारी में कोई ऐसा धूर्त नहीं आया जो कि दु:खी न हो। - जूनियस

धैर्य

- धैर्य कटु है किंतु उसका फल मधुर है। - स्वामी रामकृष्ण परमहंस

- शूरवीरता का सबसे बढ़िया, शानदार, दुर्लभ अंग है धीरज; यह सब खुशियों और शक्तियों का मूलाधार है। - जॉन रस्किन

- धैर्य और संतोष जीवन रूपी नौका के वे पतवार हैं जो नौका को मंजिल तक ले जाते हैं। - मीनकृष्ण

- मुसीबतें टूट पड़ें, हाल-बेहाल हो जाए तो भी जो लोग निश्चय से डिगते नहीं और धीरज रखकर चलते हैं वे ही सच्चे धैर्यशाली हैं। - कुरान शरीफ

- मानव का धैर्य उसकी प्रशंसा में गिना जाता है और रोना-चिल्लाना उसका अवगुण समझा जाता है। - मुतनववी

धोका

> हम किसी से धोका नहीं खाते, हम ही स्वयं को धोका देते हैं। - गेटे

> सब धोखों में पहला और सबसे बुरा स्वयं को धोका देना है। - बेली

> अपने लक्ष्यों को न भूलो अन्यथा जो कुछ भी मिलेगा उसी में संतोष करने लगोगे। - बनार्ड शॉ

> महान ध्येय महान मस्तिष्क की जननी है। - राल्फ वाल्डो एमर्सन

> हमारा ध्येय सत्य होना चाहिए ना कि झूठा। - सुकरात

> अपने जीवन का लक्ष्य बनाओं और इसके बाद अपनी सारी शारीरिक एवं मानसिक शक्ति उसमें लगा दो। - कार्लाइल

नम्रता

> नम्रता वह मधुर जड़ है, जिसमें से सद्गुणों की शाखाएं निकलती हैं। - मूरे

> जिन लोगों ने विद्वानों के चातुरी भरे शब्दों को नहीं सुना, उनके लिए चित्त पक्वता की नम्रता प्राप्त करना कठिन है। - तिरुवल्लुवर

> मेरा विश्वास है कि वास्तव में महान व्यक्ति का लक्षण उसकी नम्रता है।- रस्किन

> नम्रता माने लचीलापन, जीतने की कला और धैर्य की पराकाष्ठा है। - विनोबा भावे

नारी

> जहाँ नारियाँ पूजी जाती हैं, वहाँ देवताओं का वास होता है। - मनु

> नारी खिलवाड़ की वस्तु नहीं है और ना ही इसकी उपेक्षा की जा सकती है। - रविंद्रनाथ टैगोर

> नारी शरीर से भले ही दुर्बल हो किंतु मन से ब्रहास्त्र से भी अधिक शक्तिशालिनी है। - डॉ. रामकुमार वर्मा

➢ समाज में नारी का स्थान जब बहुत नीचा हो जाता है, तब उसके साथ शिशुओं का स्थान भी नीचे उतर आता है। - शरतचंद्र

➢ मनुष्य के गोपनीय अवगुण प्रकट मत कर, इससे उनका सम्मान तो अवश्य घट जाएगा किंतु मेरा तो विश्वास ही उठ जाएगा। - शेख सादी

निंदा

➢ जो तुम्हारे समक्ष दूसरों की निंदा करता है, वह दूसरों के समक्ष तुम्हारी निंदा करेगा। -शेख सादी

➢ चाहे तो तुम हिम के समान निर्मल और निष्पाप हो जाओ तब भी निंदा से नहीं बच सकते। - शेक्सपियर

➢ निंदा ऐसा अवगुण है जो दुहरी मार मारता है, यह निंदक और निंदित दोनों को घायल करता है। - अज्ञात

➢ निंदा करने वाले या पीठ-पीछे बुरा कहने वाले व्यक्ति के लिए मोक्ष के द्वार बंद हैं। - हजरत मोहम्मद

➢ सबल की शिकायतें सब सुनते हैं, निर्बल की फरियाद कोई नहीं सुनता। - प्रेमचंद

➢ यघपि शहद की मक्खियाँ कमजोर होती हैं फिर भी वे सब मिलकर मधु निकालने तक का प्रण ले लेती हैं, वैसे ही निर्बल पुरुष भी इकट्ठे होकर बलवान शत्रु का नाश कर सकते हैं। - वेदव्यास

➢ जितने दिन जिंदा हो, उसे गनीमत समझो और इससे पहले कि लोग तुम्हें मुर्दा कहें नेकी कर जाओ। - शेख सादी

➢ नेक बनने में सारी उम्र लग जाती है, बदनाम होने में एक दिन भी नहीं लगता। - अज्ञात

➢ धोखेबाज लोग छलना से अपनी योग्यता प्रकट कर नेता बन जाते हैं, और उनकी बार-बार असफलता से जनमानस में सत्य पर ही विश्वास नहीं रहता।- गुरुदत्त

➢ यह आकाश, धरती, पर्वत समग्र विश्व स्थिर है, इसी तरह यह प्रजा की पालना करने वाला राजा भी सदा स्थिर रहे। - ऋगवेद

➢ आत्मविश्वास, दृढ़ता, वैराग्य ये तीन गुण जिस मानव में होते हैं, वही सभी उदात्त गुणों का आश्रय होने के कारण समस्त प्रजा का नेता है। - भारत पारिजात

पड़ोसी

➢ जो पड़ोसियों को कष्ट देता है, अपशब्द कहता है वह परमेश्वर की कितनी ही प्रार्थना क्यों न करे, परमेश्वर उसकी प्रार्थना की परवाह नहीं करता। - हजरत मुहम्मद

➢ हम पड़ोसी को उसके स्वार्थ के लिए इतना प्रेम नहीं करते, जितना अपने स्वार्थ के लिए करते हैं।- विषष विहसन

➢ जो आदमी अपने पड़ोसियों के प्रेम को प्राप्त करने की कोशिश नहीं करता, वह मरने के बाद अपने पीछे क्या चीज छोड़ जाने की आशा रखता है। - तिरुवल्लुवर

➢ सच्चा पड़ोसी वह नहीं जो तुम्हारे साथ उसी मकान में रहता है, बल्कि वह है जो कि तुम्हारे साथ उसी विचार स्तर पर रहता है। - स्वामी रामतीर्थ

➢ परमेश्वर पर विश्वास करने वाले व्यक्ति को ऐसा कोई व्यवहार नहीं करना चाहिए जिससे पड़ोसियों को असुविधा हो। - हजरत मोहम्मद

➢ पति-पत्नी के संबंध का केंद्र धैर्य है, जिसके आधार पर परिवार की एकता और समाज की मर्यादाशीलता खड़ी है। - जैनेन्द्र कुमार

पराधीन

➢ पराधीन जीवन से तो मृत्यु श्रेयस्कर है। - क्षत्र चूड़ामणि

➢ पराधीनता दुर्गुणों को जगाती है। - प्रेमचंद

➢ पराधीन सपनेहू सुख नाहीं। - गोस्वामी तुलसीदास

➢ पराधीनता दुख महा, सुख जग में स्वाधीन। सुखी रमत सुक बन विषे, कनक पींजरे। - दीनदयाल गिरि

परिश्रम

➢ नव युवकों के लिए मेरा शुभसंदेश तीन शब्दों में है, परिश्रम, परिश्रम, परिश्रम। - विस्मार्क

- परिश्रम दूसरी हर अच्छी वस्तु की तरह स्वयं ही अपना पुरस्कार है। - अज्ञात

- श्रम ही ते सवा मिलत है, बिन श्रम मिलै न काहि!

- सीधी अँगुरी घी जम्यो, यों ही निकरे नाहि। - वृंद

- जो न तो स्वयं के लिए करता, न ही दूसरों के लिए उसे ईश्वर का पुरस्कार नहीं मिलता।- हजरत मोहम्मद

परिस्थिति

- इंसान परिस्थितियों का खेल है, जबकि परिस्थितियाँ ही इंसान को खेल मालूम होती हैं। - वायरन

- मेरा उद्देश्य है कि मैं परिस्थितियों को अपने अनुकूल बना लूँ या स्वयं परिस्थितियों के अनुकूल बनूँ। - होरेस

- मनुष्य की सबसे बड़ी विशेषता यह है कि वह जितना संभव हो बाहरी परिस्थितियों पर शासन करे, जितना कम हो सके उनसे शासित रहे। - गेटे

परिहास

- परिहास मित्र को बहुधा खो देता है, और शत्रु को कभी नहीं पाता। - सिमन्स

- वह परिहास परिहास नहीं जो किसी का मन दुखावे। - सेरवांरीज

- अच्छी और सही चीज का कभी मजाक न उड़ाएँ। - रविन्द्रनाथ टैगोर

परोपकार

- जिनके हृदय में सदैव परोपकार की भावना रहती है, उनकी आपदाएँ समाप्त हो जाती हैं और पग-पग धन की प्राप्ति होती है। - आचार्य चाणक्य

- परोपकार में लगे हुए सज्जनों की प्रवृत्ति पीड़ा के समय भी कल्याणमयी होती है। - किरातार्जुनीयम्

- फल आने पर वृक्ष विनम्र हो जाते हैं, नवजल से मेघ धरती पर लटक आते हैं, सज्जन समृध्दि से विनम्र बन जाते हैं; यही परोपकारियों का स्वभाव है। - भृतहरि

- परोपकारी अपने कष्ट को नहीं देखता क्योंकि वह परकष्ट जनित करुणा से ओत-प्रोत होता है। - संत तुकाराम

- यदि तू किसी एक व्यक्ति के भी कष्ट को दूर करे तो यह अधिक अच्छा कर्म है, अपेक्षाकृत इसके कि तू हज को जाए और राह की प्रत्येक मंजिल पर एक-एक सहस्त्र इकअत नमाज (नमाज का आधा भाग) पढ़ता जाए। - शेख सादी

पाप

- जो महापुरुषों की निंदा करता है और जो उनकी निंदा सुनता है, वह भी पाप का भागी है। - कालिदास

- निरपराधी मनुष्य पर अपराध का आरोप लगाना महापाप है। - कुरान शरीफ

- मनुष्य जब एक बार पाप के नागफाँस में फँसता है तब वह उसी की ओर लिपटता जाता है। - जयशंकर प्रसाद

- यदि सचमुच ही तुम दुःख से डरते हो और तुम्हें दुःख अप्रिय है, तो फिर प्रकट या गुप्त किसी भी रुप में पापकर्म मत करो। - उदान

- जिस क्षण हम कोई पाप करते हैं, उसी क्षण दण्ड का बीज भी बो देते हैं। - हेसियड

- असत्य भाषण पाप है, और झूठी निंदा करना और बड़ा पाप है। - अज्ञात

- एक झूठ को छिपाने के लिए दूसरे झूठ का आश्रय लेना यह बड़ा पाप है। - भगवतीचरण वर्मा

- पाप को पवित्रता में बदलने के लिए पश्चाताप ही पर्याप्त है। - श्री सत्य साईंबाबा

- पापकर्म तुरंत ही विकार नहीं लाता, वह राख से ढकी अग्नि की तरह धीरे-धीरे जलाता है। - धम्मपद

- पापी के समान मूर्ख नहीं, जो प्रत्येक क्षण अपनी आत्मा को दांव पर लगाता रहता है। - रिलसन

- इस मंदिर में से सबसे बड़े पापी को बाहर निकालने के लिए कहा जाए तो मैं ही सबसे पहले निकलूँगा। - अज्ञात

- पूज्य के संसर्ग से पापी में परिवर्तन आए या न आए पर पापों के संसर्ग से पुण्यवान पापी अवश्य बन जाता है। – रघुवीर शरण 'मित्र'

- पापियों के ऐश्वर्य को देखकर धर्मफल में संदेह मत करो, फाँसी की सजा के मुजरिम को फाँसी के पहले इच्छानुसार भोग सामग्री दी जाती है। - स्वामी ब्रम्हानंद सरस्वती

- जिसने पुण्य (सत्कर्म) कर लिया है, वह दोनों लोक में सुखी होता है। - धम्मपद

पुण्य

- पुण्य की जड़ पाताल तक जाती है, हमें जो कुछ भी सुख-सौभाग्य मिला है वह सब पूर्वजन्म की करनी का ही फल है। - भगवती प्रसाद बाजपेयी

- पुण्य कर्मो का सदा शुभ फल मिलता है, चाहे देर से मिले किन्तु अवश्य मिलता है। - कौग्रीव

पुरुष

- उत्तम पुरुषों की यह रीति है कि वे किसी कार्य को अधूरा नहीं छोड़ते। - वीलेंड

- पुरुष का जीवन संघर्ष से आरंभ होता है और स्त्री का आत्मसमर्पण से। - महादेवी वर्मा

- जो वीरता से भरा हुआ है जिसका नाम लोग बड़े गौरव से लेते हैं, वही पुरुष वास्तव में पुरुष है। - गणेश शंकर विद्यार्थी

- पुरुषार्थ पुरुष करता है, तो सहायता ईश्वर करता है। - प्रेमचंद

- जो व्यक्ति उघोग-वीर है, वह कोरे वाग्वीर व्यक्तियों पर अधिकार जमा लेता है। -महाभारत

- जो अपने पुरुषार्थ से देव को मजबूर कर देने में समर्थ है, वह मनुष्य देवी आपदाओं से कभी अप्रसन्न नहीं होता है। - वाल्मिकी रामायण

- ➤ आलसी और अनुपयोगी रहकर सौ वर्ष जीने की अपेक्षा दृढ़ उघोगी होकर एक दिन ही जीवन जीना श्रेष्ठ है। - धम्मपद

- ➤ यदि भगवान मुझसे पूछे कि तेरी क्या-क्या बातें मिटा दूँ तो मैं कहूँगा मेरी सब बातें मिटा दे किन्तु मेरे प्रयास मत मिटाना, मेरे कष्ट मत दूर करना। - अनातोले फ्रान्स

- ➤ कर्म, ज्ञान, और भक्ति इन तीनों का जिस जगह सेवन होता है वही श्रेष्ठ पुरुषार्थ है। - महर्षि अरविंद घोष

पुस्तक

- ➤ यदि कोई पुस्तक पढ़ने योग्य है तो वह खरीदने के भी योग्य है। - रस्किन

- ➤ पुस्तक जेब में रखा हुआ बगीचा है। - अरबी कहावत

- ➤ अच्छी पुस्तक वह है, जो आशा से खोली जाए और लाभ से बंद की जाए। - ऐमो ब्रान्सन अलंकार

- ➤ मानव जाति ने जो कुछ किया, सोचा और पाया वह पुस्तकों के जादू भरे पृष्ठों में सुरक्षित है। - कार्तायज्ञ

- ➤ कुछ पुस्तकें चखने के लिए, कुछ निगले जाने के लिए और कुछ थोड़ी चबाये जाने और हज्म किये जाने के लिए। - बेकन

- ➤ यदि यूरोप के सब ताज इस शर्त पर मुझे पेश किए जाएं कि मैं अपनी पुस्तकें पढ़ना छोड़ दूँ, तो मैं उन ताजों को ठुकराकर दूर फेंक दूँगा और पुस्तकों की तरफदारी करूँगा। - फ्रेंकलिन

पेट

- ➤ जो अपने पेट का गुलाम है, वह ईश्वर की पूजा कभी नहीं कर सकता। - शेख सादी

- ➤ पापी पेट तू सबकुछ कर सकता है मान और अभिमान, ग्लानि और लज्जा ये सब चमकते हुए तारे तेरी काली घटाओं की ओर छिप जाते हैं। - प्रेमचंद

➢ इंसान अपने को आसानी से ईश्वर क्यों नहीं समझ लेता, इसका मुख्य कारण पेट है। - नीत्यो

➢ पैसे के बारे में सोचो ही नहीं, उसे खर्च किए जाओ; जरा वह ठहरेगा कि उसके बारे में सोचना पड़ जाएगा। - जैनेंद्र कुमार

➢ लंबी और दुष्कर है वह राह जो नगर से गाँव की ओर आती है। - मिहटन

➢ यदि आप भी अपने मन की कालिमा और अहंकार के भाव को निकाल दें, तो आपके भीतर का प्रकाश भी अपने आप बाहर निकल आएगा। - स्वामी रामतीर्थ

प्रतिभा

➢ कौशल मानव के वश में रहता है, मानव प्रतिभा के वश में रहता है। - लॉवेल

➢ प्रतिभावान वह है, जिसमें समझदारी व कार्यशक्ति विशेष हो। - शॉपेनहावर

➢ जो दूसरे को कठिन लगे, उसे सरलता से करने में कौशल है, कौशल के लिए जो असंभव है उसे कर दिखाने में प्रतिभा है। - इमर्सन

➢ ज्ञान और सब प्रकार की चतुरता से क्या लाभ ? भीतर जो आत्मा है उसका ही प्रभाव सर्वोपरि है। - तिरुवल्लुवर

➢ आकर्षण में यदि प्रभाव है तो आप स्वयं ही खिंचकर आ जायेंगे। - स्वामी रामतीर्थ

➢ अधिकांश मनुष्य प्रदर्शन प्रिय होते हैं क्योंकि सद्गुणशीलता की दिव्यता का न तो उन्हें ज्ञान है न अनुभव। - प्लूटार्क

➢ साधु (सज्जन) के घर के तोता, मैना राम-राम कहते हैं और असाधु (दुर्जनों) के घर के तोता, मैना गिन-गिन कर गालियाँ देते हैं। - गोस्वामी तुलसीदास

➢ यदि तुम प्रमादी (आलसी) हो तो विनाश की राह पर हो। - हैरियट बीचर

➢ प्रमादी मनुष्य कठोर सत्य का भी अनुभव नहीं करता। - जयशंकर प्रसाद

➢ आलस्य से बच क्योंकि आत्मा के प्रलाप से देह सड़ने लगती है। - कैर

प्रशंसा

➢ बिना प्रशंसा किए किसी को प्रसन्न नहीं किया जा सकता है। - डॉ. जॉनसन

➢ किसी के गुणों की प्रशंसा करने में अपना समय मत गँवाओं, उसके गुणों को अपनाने का प्रयास करो। - कार्ल मार्क्स

➢ उन्हें स्वामिभक्त न समझ जो तेरी हर कथनी व करनी की प्रशंसा करें, अपितु उन्हें समझ जो तेरे दोषों की मृदल आलोचना करें। - सुकरात

➢ किसी को अपनी प्रशंसा करने के लिए विवश कर देने का केवल एक ही उपाय है कि आप सत्कर्म करें। - वाल्टेयर

➢ अपनी प्रशंसा सुनकर जो वास्तविकता को भूल जाते हैं, वे मूर्ख हैं। – रघुवीर शरण 'मित्र'

➢ बिना असत्य भाषण किए किसी की प्रशंसा नहीं की जा सकती है। - डॉ जॉनसन

प्रसन्न

➢ अपनी निंदा सुनकर मनुष्य अपने आपको संभालता है, और प्रशंसा सुनकर स्वयं को खो देता है; प्रशंसा सुनकर प्रसन्न होना एक बड़ा अवगुण है। - रघुवीरशरण 'मित्र'

➢ प्रसन्नता स्वास्थवर्धक है, देह और मन दोनों के लिए मित्र तुल्य है। - एडीसन

➢ यदि विश्व में कोई सबसे बड़ा सद्गुण है तो वह मन की प्रसन्नता है। - लार्ड लिटन

➢ कार्य में लीन रहने से ही मन को प्रसन्नता मिलती है। - विषषहार्न

➢ प्रसन्नता में योगदान देने वाली वस्तुओं में, स्वास्थ्य से बढ़कर और धन से घटकर कुछ नहीं। - शॉपेन हावर

➢ किसी के पश्चाताप करने का अनुमान, उसके आचरण से ही किया जा सकता है। - गुरुदत्त

प्रार्थना

➢ प्रार्थना करना कुछ शब्दों को दोहराना नहीं है, प्रार्थना का अर्थ है परमात्मा का मनन और अनुभव करना। - स्वामी रामतीर्थ

- प्रार्थना की खूबी यह है कि वह सब प्रलोभनों पर विजय दिलाती है। - बनॉर्ड शॉ

- पवित्र हृदय से निकली हुई प्रार्थना कभी व्यर्थ नहीं जाती। - अज्ञात

- बिना प्रार्थना किए जो सोता है, वह दिवस को भी रजनी बनाता है। - हर्बर्ट

- हमें अपनी प्रार्थनाओं से सामान्य मंगल कामना करनी चाहिए, क्योंकि परमेश्वर ही भली-भाँति जानता है कि हमारी भलाई किसमें है। - सुकरात

- प्रार्थना करने से कर्तव्य का पता चलता है, कर्तव्य करना ही प्रार्थना बन जाती है। - अज्ञात

प्रेम

- कृत्रिम प्रेम बहुत दिनों तक नहीं टिक सकता। स्वाभाविक प्रेम की नकल नहीं की जा सकती। - स्वामी रामतीर्थ

- प्रेम की शक्ति दण्ड की शक्ति से हजार गुनी प्रभावशाली और स्थायी होती है। - महात्मा गांधी

- जहाँ प्रेम का सहज संपर्क है वहाँ बंधन व्यर्थ है, प्रेम के माने ही मुक्ति है। – विमल मित्र

- प्रेम चतुर मनुष्य के लिए नहीं वह तो शिशु से सरल हृदय की वस्तु है। - जयशंकर प्रसाद

- प्रेम ही वह दिव्य आकर्षण है जो मर्त्य को दिव्य और क्षुद्र को विराट बनाता है। - जैनेन्द्र कुमार

- जिंदगी से, दोस्तों से इस दौर में प्यार करना यूं मुश्किल था, मगर करता गया। - डॉ गिरिराज शर्मा

- प्रेम परमार्थ है! काम स्वार्थ है! जहाँ स्वार्थ है, वहाँ काम है; जब स्वार्थ नहीं तभी प्रेम होता है। - उड़िया बाबा

- वास्तव में हम जीते तो तभी तक हैं, जब तक किसी एक से प्रेम करते हैं और उस प्रेम को सजीव और प्राणमय बनाये रखते हैं। - भगवती प्रसाद बाजपेयी

- इष्टमित्रों से प्रेमपूर्वक मिलना और उन्हें भोजन के लिए आमंत्रित करना, स्नेह और प्रेम बढ़ाने वाली बातें हैं। - हजरत मोहम्मद

- इश्क पर जोर नहीं, ये तो आतिश है गालिब कि लगाए न लगे और बुझाए न बुझे।
  - मिर्जा गालिब

- भाई का नाता बड़ा गहरा होता है! भाई चाहे अपना शत्रु भी हो लेकिन कौन आदमी है जो भाई को मार खाते देखकर क्रोध को रोक सके। - अज्ञात

- जोर से हमें वही बात कहनी पड़ती है जो सच्ची नहीं होती है। - ओशो

- किसी भी व्यर्थ की बात को उठाना बंद कर दें, तो वह सबसे ज्यादा महत्वपूर्ण हो जाएगी। - ओशो

बल

- कुश्ती में सामने वाले को पछाड़ने वाला बलशाली नहीं है, बल्कि क्रोध को काबू में रखने वाला बलशाली है। - हजरत मुहम्मद

- दुष्ट लोग शारीरिक बल का उपयोग दूसरे को हानि पहुँचाने के लिए करते हैं, और अच्छे उनको हानि एवं कष्ट से बचाने के लिए। - श्री सत्य साईंबाबा

बड़प्पन

- सच्चा बड़प्पन स्थान से कभी नहीं मिलता, और न वह उपाधियों के वापस ले लिए जाने पर कभी खो ही जाता है। - मैसिंजर

- बड़प्पन सदैव ही दूसरों की कमजोरियों पर परदा डालना चाहता है, किन्तु ओछापन दूसरों की कमियाँ बताने के सिवा और कुछ करना ही नहीं जानता। - तिरुवल्लुवर

- मानव जीवन की दशा बदलने में एक छोटी-सी बात भी अद्भुत प्रभाव रखती है। - स्वेट मार्टेन

बुद्धि

- बुद्धि यह है कि अपने कानों की अपेक्षा अपनी आँखों पर भरोसा करो। - अलेक्जेंडर

- बुद्धि श्रध्दा के अभाव में जो काम करती है उसमें स्व-पर के बीच मिठास या विश्वास की भूमिका नहीं बनती, बल्कि वहाँ संशय और शंका उपजने लग जाती है। जैनेन्द्र कुमार

- मरने से पहले मनुष्य की बुद्धि भ्रष्ट हो जाती है, वह विवेक खो देता है। - भगवती चरण वर्मा

बुराई

- बुराई से भी बुराई पैदा होती है इसलिए आग से भी बढ़कर बुराई से डरना चाहिए। - तिरुवल्लुवर

- यदि तेरी बुराई की जाये और वह सच हो, तो स्वयं को सुधार ले; और यदि वह असत्य हो तो उस पर मुस्करा दे। - इपिक्टेरस

- जो व्यक्ति बुराई की आशंका करने का अभ्यस्त है, वह बहुधा अपने पड़ोसी में वही देखता है जो वह स्वयं अपने भीतर देखता है। - हैयर

- बुद्धि है तो अन्य किसी सुरक्षा कवच की जरुरत ही नहीं है। - जुवेनल

- झूठी दया दिखाने से ज्यादा बुरा कुछ नहीं होता। - जुवेनल

- अगर कामयाब होने का संकल्प मजबूत है तो असफलता आपको कभी भी डरा नहीं सकती। - अज्ञात

- समय उसके लिए लंबे समय तक रहता है जो इसकी कद्र करता है। - लियोनार्डो

- बहुत से लोग हीरे की तरह होते हैं, ऊपर से कठोर लेकिन अंदर से चमकदार। - जुवेनल

- कभी-कभी होने वाली आसक्ति ज्यादा सुख देती है।- जुवेनल

- खूबसूरती और पवित्रता साथ में कम दिखती है। - जुवेनल

- नुकसान से निपटने के बाद जो सबसे जरुरी चीज है, उससे मिलने वाले सबक को ना भूलना। - स्वामी दयानंद सरस्वती

- केवल गहरी समझ ही हमें अपने स्वरुप से परिचित करा सकती है, जानकारियाँ ज्ञान नहीं हैं। - जार्ज एफ

➢ निराशा और असफलता, सफलता के रास्ते में आने वाले दो निश्चित पद चिन्ह हैं।
  - डेल कार्नेगी

➢ पहले कठिन काम पूरे करें, आसान काम खुद-बखुद पूरे हो जायेंगे। - डेल कार्नेगी

➢ मूर्ख व्यक्ति ही आलोचना, निंदा और शिकायत करता है। - डेल कार्नेगी

➢ खुले दिमाग का होना अच्छा है, लेकिन वह इतना खुला ना हो कि गिर पड़े। - गूशो
  मार्क्स

➢ अगर कोई काली बिल्ली आपका रास्ता काटती है तो इसका मतलब है कि वो कहीं
  जा रही है। - गूशो मार्क्स

➢ बीता हुआ कल मर चुका है, आने वाला कल अभी आया नहीं है; मेरे पास बस आज
  ही है और मैं इसमें खुश रहूँगा। - गूशो मार्क्स

➢ खुद को न दोष देना चाहिए और न ही तारीफ करना चाहिए। - प्लूटार्क

➢ सुनने की कला अपना लें, इस तरह बुरा बोलने वालों से भी आप फायदा हासिल कर
  पाएंगे। - प्लूटार्क

नारी

➢ नारी बिना संसार की कल्पना एक धोका है। – महात्मा गाँधी

➢ नारी ब्रम्ह विघा है, शक्ति है, पवित्रता है, कला है और सर्वश्रेष्ठ है। - स्वामी विवेकानंद

➢ नारी प्रकृति के फूलों में से एक फूल है। - साडले

➢ नारी के आँसुओं की एक बूँद भी अपने में बाढ़ लिए होती है। - जयशंकर प्रसाद

➢ नारी का हृदय धरती की तरह होता है, जिसमें कडवाहट व मिठास दोनों मिल जाती
  हैं। - प्रेमचंद

➢ नारी प्रेम करने और बदला लेने के मामले में पुरुषों से कही अधिक आगे रहती है।
  - नीरज

➢ जननी होने के कारण नारी का स्थान ईश्वर से भी ऊँचा हो जाता है। - अज्ञात

- नारी ईश्वरीय उपहार है! जिसे ईश्वर ने स्वर्ग के अभाव की पूर्ती हेतु मनुष्य को दिया है। - गेटे

- नारी की उन्नती-अवनती पर ही राष्ट्र की उन्नती-अवनती निर्भर करती है। - अरस्तु

- घर वही है जहाँ प्रेम और सत्कार मिले। - प्रेमचंद

- जहाँ नारी का सम्मान होता है, वहाँ देवता वास करते हैं। - मनुस्मृति

- जिस घर में नारी नहीं वहाँ भूतों का डेरा है। - तुलसीदास

- एक खूबसूरत नारी भी गुणों का खजाना हो सकती है। - लामर्टिन

- सोने का घूंघट सारी कुरुपता को ढंक देता है। - डैकर

- सुयोग्य स्त्री घर की शोभा व गृहलक्ष्मी होती है। - वेदव्यास

- ऐसी लोक प्रथा का बुरा हो जो अभागिनी कन्याओं को किसी न किसी पुरुष के गले बाँध देना अनिवार्य समझती है। - प्रेमचंद

- बालक का भाग्य सदैव उसकी माँ द्वारा निर्मित होता है। - नेपोलियन

- स्त्री को धन से बचाओ, और अपने को दोनों से। - चाणक्य

- दोषी को दण्ड देने और बेकसूर की रक्षा के लिए ही कानून बनाया गया है। - डेविड़ बेवस्टर

- राजनीति में कभी भी पूर्ण विजय जैसी कोई स्थिती नहीं होती है। - रिचर्ड निक्सन

- सेनाओं के हमले का प्रतिरोध किया जा सकता है पर जिस विचार का समय आ गया है, उसे रोका नहीं जा सकता है। - विक्टर ह्यूगो

- न्यायिक फैसलों के तराजू में सबूत ही वजन की भूमिका अदा करता है। - कोटरले

- दण्ड सम्पूर्ण जगत को नियम के अंदर रखने वाला है, यह धर्म की आत्मा है इसका उद्देश्य प्रजा को उदंडता से बचाना है। - महाभारत

- मेरा मानना है कि राजनीति इतना गंभीर मामला है कि उसे राजनीतियों के भरोसे नहीं छोड़ा जा सकता। - चार्ल्स डिगल

- राजनीति चलाने के लिए धन माँ के दूध के समान है। - जसी अनख

➤ हँसमुख चेहरा रोगी के लिए उतना ही हितकारी है जितना की स्वस्थ ऋतु। - अज्ञात

➤ राजनैतिक क्रिया-कलाप अकसर घृणा और द्वेष पर आधारित होते हैं। - हेनरी बुक्य एडमस

➤ अकेले हथियारों के बूते ही शांति कायम नहीं की जा सकती, शांति स्थापना में मनुष्यों की प्रमुख भूमिका है। - जान एफ कार्नेडी

➤ राजनीति के समान कोई दूसरा नहीं है। - डिजरेजली

➤ वसुन्धरा के समान शासक का हृदय भी उदार और सहनशील होना चाहिए। - जयशंकर प्रसाद

➤ वह भाषा दरिद्र है जो जीवन का साथ देने के बजाय उस पर सवारी करती है। - जैनेन्द्र

➤ वह शासक अनाचारी है जो अपनी इच्छा के सिवाय कोई नियम नहीं जानता है। - वाल्टेयर

➤ भाषण मनुष्य पर शासन करने की कला है। - ग्लेरो

➤ युध्द विनाश का वह मार्ग है, जहाँ से लौट पाना असंभव है। - अज्ञात

➤ राजनीतिज्ञ तब तक अपना मुँह नहीं खोलते जब तक वे और लोगों की बुद्धि से कोई ज्ञान की बात न चुरा लें। - थॉमस रीड

➤ जब पेट खाली होता है तो शरीर रुह बन जाता है, और जब वह भरा है तो रुह शरीर बन जाती है। - शेख सादी

➤ चोर, सिपाही से ज्यादा चौकस रहता है। - विदुर

➤ धन में जितने चमत्कार हैं, उतने भगवान में भी नहीं हैं। - विश्वामित्र

➤ अपने जन्मदाता का सम्मान करना चाहिए। - अज्ञात

➤ सपना सच्चाई से टकराकर चकनाचूर हो जाता है। - विदुर

➤ अपनी गति एक समान रखने वाले दौड़ में अवश्य प्रथम आते हैं। गोरखनाथ

➤ ईश्वर जिसे प्यार करता है उसे संघर्ष से घिसकर साफ करता है। - इंजील

➤ अगर तुम रोज-रोज औरत के पास जाते हो तो कफन मँगाकर रख लो। - सुकरात

- जो व्यक्ति मेहनत, प्रयास, तपस्या कर प्रतिभा अर्जित करता है उसके लिए प्रगति के द्वार अपने आप खुल जाते हैं। - सुयश

- गुण मनुष्य के वश में है, प्रतिभा के वश में मनुष्य स्वयं होता है।

- बने रहो पगला, काम करे अगला।

- बेवकूफ बनकर अपना मतलब निकालो।

- खूब अय्यासी करो, हकीम तुम्हारा रास्ता देख रहा है। - अरस्तु

- स्त्री का हाथ पकड़कर तुम किस नरक में जा रहे हो।– परशुराम

- जन्म से लेकर मृत्यु तक ज्ञान प्राप्त करते रहो। - कुरान

- आसमान सिर पर उठा लो, पर होगा वही जो विधाता चाहेगा। - महर्षि मृगु

- क्या तुम अपाहिज हो, जो दूसरों से आस लगाए हो। - अरस्तु

- जो पुस्तक तुम्हें अधिक सोचने के लिए विवश करती है, वही तुम्हारी सबसे बड़ी सहायक है। - पंडित जवाहरलाल नेहरु

- अधिकार पर कब्जे के लिए जब तक पूरी कीमत न चुकाई जाए, तब तक यदि अधिकार मिल भी जाए तो उसे गवां बैठोगे। - सरदार पटेल

- व्यक्ति जिसको प्रेम करता है उसके द्वारा सरलता से धोका खा जाता है। - मेग्लिर

धैर्य

- धैर्य और परिश्रम से हम वह प्राप्त कर सकते हैं जो शक्ति और शीघ्रता से कभी नहीं। - ला फान्तेन

- जिसके पास धैर्य है वह जो कुछ इच्छा करता है, प्राप्त कर सकता है। – फ्रैंकलिन

- अपना उल्लू सीधा करने के लिए शैतान भी धर्मशास्त्र के हवाले दे सकता है। - शेक्सपियर

क्रोध

- ➤ क्रोध सदा अपनी ना समझी से आता है। - जैनेन्द्र

- ➤ अपराधी मन रहस्य का अड्डा है।– शेक्सपियर

- ➤ ऐसा कोई रहस्य नहीं जिसका उद्घाटन न हो। - ह्यूक

- ➤ क्रोधरूपी अग्नि जीवन रस को जला देती है। - अथर्ववेद

- ➤ क्रोध धनी आदमी को गरीब और गरीब को तिरस्कृत करवाता है। - अज्ञात

- ➤ क्रोध करना दूसरों की गलती का अपने से प्रतिशोध लेना है।

- ➤ क्रोध दिमाग के दीपक को बुझा देता है। - इंगर सोल

- ➤ जब क्रोध में हो तब दस बार सोचकर बोलो, जब ज्यादा क्रोध में हो तो हजार बार सोचिये। - जाक्सन

- ➤ संतोषी मानव के तीव्र क्रोध से सावधान रहो। - डाईडेन

- ➤ क्रोध के आवेश में सौजन्य का चिन्ह भी शेष नहीं रहता। - प्रेमचंद

- ➤ मानव बहुधा अपने विवेक की पूर्ति क्रोध द्वारा पूर्ण कर लेता है। - एलजर

- ➤ जिस क्रोधाग्नि को तुम शत्रु के लिए प्रज्ज्वलित करते हो, बहुधा तुम्हें ही वह अधिक जलाती है। - चीनी कहावत

- ➤ क्रोधरूपी अग्नि जीवन रस जला देती है। - अथर्व वेद

मुहावरे

- ➤ मेहमान और मछली तीन दिन बाद गंद मारने लगते हैं।

- ➤ ईश्वर की चक्की धीमी चलती है, लेकिन बारीक पीसती है।

- ➤ जब टका बोलता है, सच मौन रहता है।

- ➤ सरकारी काम धीमे-धीमे होते हैं।

- ➤ पिसाई से पिसाई निकालती है दुनिया।

- एक नौकर दो मालिक नहीं रख सकता।

- आज का बासी, कल का उपवास।

- चलनी में दूध धोये और किस्मत को दोष दे।

- अच्छे कपड़े और अच्छी खुराक मिले तो अच्छा व्यवहार अपने आप ही आ जाता है।

- मटकी फूटी, दही बेचन से छुट्टी।

- गाँव बसा नहीं, लुटेरे पहले ही आ गये।

- बेशरम जब आँख हो तो सिर्फ घूँघट का क्या दोष ?

- किसी से वादा करना तो उसे निभाना, या तो किसी से वादा ही नहीं करना।

- नजर बदलो, नजारे बदल जाएँगे।

- खुशी में वादा न करो, क्रोध में कोई निर्णय मत करो।

- काँटों भरी शाखा को फूल सुन्दर बना देते हैं, और गरीब से गरीब आदमी के घर को लज्जावती स्त्री सुन्दर और स्वर्ग बना देती है। - गोहडासाथ

- नारी की महान त्रुटि है, पुरुषों के अनुरूप बनने की इच्छा। - मेस्तरी

- मनुष्य जन्म से ही न तो मस्तक पर तिलक लगाकर आता है, न यज्ञोपवित धारण करके; जो सत्कर्म करे वह द्विज है, और जो कुकर्म करे वह नीच है। - गौतम बुध्द

- अस्थिरता सबसे बड़ी कमजोरी है। - हेनरिक जोहान इब्सन

- हॅसमुख स्त्री का साथ पुरुष के लिए वरदान है। - अज्ञात

- आठ अवगुण सदा बसे उर माहीं। - तुलसीदास

- विवाह का उद्देश्य भोग नहीं, अपितु आत्मा का विकास है। - प्रेमचंद

- रुपवती नारी एक रत्न है, लेकिन भद्र नारी रत्नों का भण्डार होती है। - शेख सादी

- मधुर हास्य घर में सूर्य प्रकाश के समान होता है। - बैकेर

- माँ के ममत्व की एक बूँद, अमृत के समुद्र से ज्यादा मीठी है। - अज्ञात

➤ यदि कोई महिला लज्जा त्याग देती है तो वह अपने सौन्दर्य का सबसे बड़ा आकर्षण खो देती है। - सेन्ट ग्रेगरी

➤ भार्या पुरुष का आधा अंग है, भार्या सबसे श्रेष्ठ मित्र है। - अज्ञात

➤ पुरुष के पास केवल दृष्टि होती है, और स्त्री के पास दिव्य दृष्टि होती है। - विक्टर ह्यूगो

नारी

➤ प्रेम और त्याग कैसे किया जाता है यह सिर्फ औरत ही जानती है। - अज्ञात

➤ नारी सबकुछ कर सकती है लेकिन अपनी इच्छा के विरुध्द प्रेम नहीं कर सकती। - सुदर्शन

➤ नारी सृष्टि और समाज की अद्वितीय और अमूल्य सर्जना है। - भगवान बुध्द

➤ जननी का हृदय शिशु की पाठशाला है। - एच डब्लू पीटर

➤ नारी प्रकृति की बेटी है! उस पर क्रोध मत करो, उसका हृदय कोमल होता है, उस पर विश्वास करो। - महाभारत

➤ नारी पुरुष से अधिक बुद्धिमान होती है! वह जानती तो कम है लेकिन समझती ज्यादा है। - जेम्स स्टीफन्स

➤ पर्वत, वैश्या और युध्द ये दूर से ही अच्छे लगते हैं। - अज्ञात

➤ पड़ोसी से अच्छे संबंध रखना चाहिए। - मोहम्मद साहब

➤ प्रजा के साथ मेल करके शत्रु के साथ लड़ना चाहिए, राजा की प्रजा सेना के बराबर ही है। -शेख सादी

➤ जिनका पद तो ऊँचा है किन्तु करनी नीची है, वे दूसरों का धन-वैभव नहीं देख सकते हैं। - तुलसीदास

➤ जो इंसान इतिहास से सबक नहीं लेते, उनका भूगोल खराब हो जाता है। - चाणक्य

➤ जब इंसान मुस्कुराया तब जगत ने उससे प्यार किया, जब उसने ठहाका लगाया तब जगत उससे डर गया। - रविन्द्रनाथ टैगोर

➤ जीवन में हमेशा छात्र बने रहें, इससे अहंकार नहीं आएगा। - रॉयन

- मैं हवा का रुख नहीं बदल सकता, लेकिन लक्ष्य तक पहुँचने के लिए नौका को उस हिसाब से एडजस्ट कर सकता हूँ। - मिमीडीन

- नकारात्मक भाव ही मनुष्य के जीवन की सारी समस्याओं की जड़ है। - श्रायन ड्रेसी

- जिंदगी का हर लम्हा एक मौका है। - अज्ञात

- प्रेम में जुबा काम करे या न करे, आँखें जरुर बोल जाती हैं। - रामायण

- हमारा मानसिक नजरिया ही वह अज्ञात शक्ति है जो किस्मत बनाती या बिगाड़ती है। - इमर्सन

- उन्हें निंदा करने का अधिकार है जिनके पास मदद करने का दिल है, बाकी कूरता है न्याय नहीं। - विलियन पेन

- ब्रम्हांड में कहीं तो कुछ तो ऐसा विलक्षण है जो मनुष्यों के द्वारा जान लिए जाने की प्रतीक्षा कर रहा है। - कार्ल सेगन

- जोखिम तब होता है जब आपको पता नहीं होता है कि आप क्या कर रहे हैं, अपने फैसले पर डटे रहना सीखिए।- वॉरेन बफेट

- कभी-कभी युध्द हार कर भी युध्द जीतने का एक नया तरीका मिल जाता है। - अज्ञात

- सफलता का सबसे बड़ा दुश्मन है, आपका कंफर्ट जोन। - अज्ञात

- बहस से मिलने वाली क्षणिक विजय खोखली होती है, बातों से नहीं लोगों को काम से प्रभावित करें। - स्वामी विवेकानंद

- यदि आपका लक्ष्य स्पष्ट है तो दूरी मायने नहीं रखती। - जेन ऑस्टेन

- आत्मज्ञान, परिपक्वता की तरफ पहला कदम है। - जेन ऑस्टेन

- समृध्द लोगों के लिए विनम्र होना बहुत मुश्किल है। - जेन ऑस्टेन

- बेहद जरुरी है, अपनी खुशी को पहचानना। - जेन ऑस्टेन

- हमें कम देकर ज्यादा की उम्मीद नहीं करना चाहिए। - जॉन रस्किन

- गुणवत्ता कोई संयोग नहीं है; ये अच्छी नीयत, लगन और बुद्धिमानी का नतीजा है। - जॉन रस्किन

➤ जब प्यार और कौशल साथ काम करते हैं तो मास्टर पीस की उम्मीद करनी चाहिए।
- जॉन रस्किन

➤ अंतत: वह धैर्य ही है जो एक सफल व असफल व्यक्ति में अंतिम फर्क पैदा करता
है। - जॉन रस्किन

➤ अपने सपनों पर यकीन करो क्योंकि इन्हीं में अनंत का द्वार छिपा है। - खलील जिब्राम

➤ आने वाला कल हसीन सपने जैसा है। - खलील जिब्रान

➤ दोस्ती एक खूबसूरत जिम्मेदारी है, यह कोई अवसर नहीं है। - खलील जिब्रान

➤ प्रेम और संदेह में कभी बातचीत नहीं रही है। -खलील जिब्रान

➤ काम ही आपकी पहचान है, नाम में क्या रखा है। - शेक्सपियर

➤ खाली बर्तन सबसे अधिक शोरगुल करते हैं। - शेक्सपियर

➤ अपनी वाणी पर जरा ध्यान दीजिए, नहीं ये एक दिन आपको ले डूबेगी। - शेक्सपियर

➤ एक मिनिट की देरी से आने से बेहतर है, तीन घंटे पहले आ जाना। - शेक्सपियर

➤ शरीर के बजाय अपनी आत्मा को मजबूत बनाइए। - पाइथागोरस

➤ हाँ और नहीं, ये दुनिया के सबसे पुराने और छोटे शब्द हैं लेकिन इनके इस्तेमाल के
लिए सबसे ज्यादा सोचना पड़ता है। - पाइथागोरस

➤ क्रोध में न हमें कुछ बोलना चाहिए, न कोई काम करना चाहिए। - पाइथागोरस

➤ मूर्ख व्यक्ति की पहचान उसकी वाचालता से होती है, बुद्धिमान व्यक्ति की पहचान
उसके मौन से है। - पाइथागोरस

➤ विनम्रता वो गुण है जिसका उपदेश तो सभी देते हैं लेकिन धारण कम ही करते हैं। -
जॉन सेहडन

➤ अपनी गरिमा बनाए रखने के लिए थोड़े घमंड़ का होना जरुरी है। - जॉन सेहडन

➤ वही सबसे सुखी है, जो अपने घर में शांति पाता हैं। - योहान गेटे

➤ सरल लगने से पहले सब मुश्किल ही लगता है। - योहान गेटे

➤ व्यक्ति जो दिल में रखता है, वही तो दुनिया में देखता है। - योहान गेटे

- जब आप स्वयं पर विश्वास करना शुरु कर देते हैं तो उसी क्षण आप, कैसे जीना है ? यह जान जाते हैं। - योहान गेटे

- हमारे लिए किसी राज को राज रखने से ज्यादा वजनदार कुछ नहीं होता है। - ला फोन्तेन

- शक्ति और जुनून से ज्यादा असरदार है धैर्य व समय, दरअसल यही कारगर साबित होते हैं। - ज्यांदे ला फोन्तेन

- एक विवेकहीन दोस्त से ज्यादा खतरनाक कुछ भी नहीं होता, उससे तो बुद्धिमान शत्रु बेहतर है। - ज्यांदे ला फोन्तेन

- लोगों को उनके बाहरी व्यक्तित्व से कभी नहीं आँकना चाहिए। - ज्यांदे ला फोन्तेन

- विचारशील होकर शांतिपूर्ण निर्णय लेना सीखें। - टेसियस

- शक्ति और सत्ता की हवस दिल को सबसे ज्यादा जलाती है। - टेसियस

- अपराध कुछ लोग करते हैं, भुगतना सबको पड़ता है। - टेसियस

- इज्जत से मरना, बेइज्जत होकर जीने से बेहतर है। - टेसियस

- आपका शुध्द मन ही दुनिया का सबसे अच्छा तीर्थ है। - आदि शंकराचार्य

- वास्तविक आनंद उन्हीं को मिलता है जो आनंद कि तलाश नहीं करते हैं। - आदि शंकराचार्य

- आँखों को दुनिया की चीजों की ओर आकर्षित न होने देना, और बाहरी ताकतों को दूर रखना ही आत्मसंयम है। - आदि शंकराचार्य

- तीर्थ के लिए किसी स्थान पर जाने की जरुरत नहीं, सबसे अच्छा और बड़ा तीर्थ आपका मन है, जिसे विशेष रुप से शुद्ध किया गया है। – आदि शंकराचार्य

- अपने संकल्प पहले कभी न बताएँ, वरना इन्हें निभाना दुगना कष्ट देगा। - जॉन ड्राइडेन

- प्रार्थना छोटी होनी चाहिए! ईश्वर से कुछ माँगे तो उसे माँगने की वजह नहीं बतानी चाहिए, वो जानते हैं हमारे लिए क्या बेहतर है। - जॉन ड्राइडेन

- ➤ जो भगवान का भक्त नहीं है, वह धनवान होने पर भी कंगाल है। - शेख सादी

- ➤ जो कोई परमेश्वर के अनन्य भक्त हैं, मैं उनके चरणों का सेवक हूँ! जाति से चाहे ईसाई हो, हिन्दू हो, मुसलमान हो, समान हैं। - स्वामी विवेकानंद

- ➤ कुमार्ग में न जाना, दूसरों को दुःख न देना ही पर्याप्त भक्ति है। - यशपाल

- ➤ किसी भारी विपत्ति का भय हल्के आघात को वैसे ही भुला देता है, जैसे घातक की ललकार देखकर कोई प्राणी रोग शैय्या से उठकर भागता है। - प्रेमचंद

- ➤ परमेश्वर से भय खाकर जो कार्य किया जाता है, वह सुधरता है; और जो कार्य बिना उसके भय से किया जाता है, वह बिगड़ता है। - जुन्नन

- ➤ वे परतंत्र हैं जो पतित और निर्बलों के लिए बोलने से डरते हैं। - बोवेल

- ➤ जो दूसरों में डर का संचार करता है, वह स्वयं डर से आतंकित रहता है। - क्लाडियन

- ➤ पीछे के अनुभव से जो लाभ नहीं उठाते, वे भविष्य को भी बना नहीं सकते। जो भविष्य में दूर तक नहीं देखता, वह ठोकर खाकर गिर पड़ता है। - गुरुदत्त

- ➤ देश का भविष्य नेताओं और मंत्रियों की मुट्ठी में नहीं है, देश की जनता के ही हाथ में है। - यशपाल

- ➤ भविष्य को भगवान ने बड़ी सावधानी में छिपाया है, और उसे आशामय बनाया है। - जयशंकर प्रसाद

- ➤ पहिए के अरो की पंक्ति के समान भाग्य की पंक्ति चलायमान है। - भास

- ➤ जो आराम करता है, उसका भाग्य भी आराम करता है; जो उठ खड़ा होता है उसका भाग्य की उठ खड़ा होता है। - विमल मित्र

- ➤ तुम्हारा भाग्य तुम्हारे हाथ है! जो शक्ति और सहायता तुम चाहते हो वह सब तुम्हारे भीतर मौजूद है, इसलिए अपना भाग्य आप ही बनाओ। - विनोबा भावे

- ➤ भाग्य पर वह भरोसा करता है जिसमें पौरुष नहीं होता है। - प्रेमचंद

- ➤ जिसकी जैसी भावना होती है, उसको वैसी सिध्दि मिलती है। - पंचतंत्र

- ➤ कोई भी भावना सीमित नहीं रहना चाहती, वह स्वयं दूसरों पर व्यक्त होने का प्रयत्न करती रहती है। - भगवतीचरण वर्मा

➤ यदि मानवीय या अधिकतर पाशविक भावनाएँ धुलकर साफ हो जायें, तो उनके स्थान पर दिव्य भावनाएँ जोर से प्रवाहित होने लगती हैं। - स्वामी रामतीर्थ

भाषा

➤ भाषा हमें इसलिए दी गई थी कि हम एक-दूसरे से रुचिकर बातें कह सकें। - बोबी

➤ सभ्यता की भाषा में एक खास दिक्कत यह है कि सब जगह और सब तरह के लोग उसे समझ नहीं पाते, और असभ्यता की भाषा की यह शान है कि उसे सब जानते हैं। - रविन्द्रनाथ ठाकुर

➤ भाषा की परंपरा और पुस्तकीय ज्ञान का क्रम टूट जाने पर भी मनुष्य की बुद्धि और उसका हृदय, पूर्व संस्कारों का दाम सुरक्षित रखने में समर्थ है। - महादेवी वर्मा

भीख

➤ भिक्षुक को भीख मिलने की आशा हो तो वह दिन-भर और रातभर दाता के द्वार पर खड़ा रहे। - प्रेमचंद

➤ परमेश्वर के नाम पर भीख माँगने वाला अत्यंत धिक्कार के योग्य समझा जाता है। - हजरत मोहम्मद

➤ लोगों से भीख माँगने की अपेक्षा जंगल में लकड़ी काटकर, डोरी से गठरी बांधकर पीठ पर लादकर लाना और उसे बेचकर पैसे कमाना अच्छा है। - हजरत मोहम्मद

भूख

➤ भूख को बुद्धि का आदेश मानना चाहिए। - सिसरो

➤ भूखा मनुष्य क्या पाप नहीं करता? दुर्बल (भूख से व्याकुल) मनुष्य निर्दयी हो जाते हैं। - पंचतंत्र

➤ भूख के बिना गुलकंद भी खाओगे तो वह गुलकंद का मजा नहीं देगी। - शेख सादी

भूल

- ➤ अपनी भूल अपने ही हाथ सुधर जाए तो इससे कहीं अच्छा है कि कोई दूसरा उसे सुधारे। - प्रेमचंद

- ➤ मनुष्य प्राय: अपनी जवानी में कोई ऐसी भूल कर जाता है कि उससे जिंदगी का सारा नक्शा ही बदल जाता है, किसी सही कदम से जिंदगी अक्सर सॅंवर भी जाती है। - डॉ. हरिवंश राय बच्चन

- ➤ जिस आदमी से काम लेना है, उससे वही बात करनी चाहिए जो उसे अच्छी लगे। - आचार्य चाणक्य

- ➤ सभी दु:खों का मुख्य कारण लोगों से लगाव है, खुश रहने के लिए लगाव का त्याग करें। - आचार्य चाणक्य

- ➤ जो दिल में है वो दूर होके भी पास है; लेकिन जो दिल में नहीं है वो पास होकर भी दूर ही है। - आचार्य चाणक्य

- ➤ भूख के समान कोई दूसरा शत्रु नहीं है। - आचार्य चाणक्य

- ➤ सोचो, सपने देखो, विश्वास करो, हिम्मत करो। - वॉल्ट डिज़्नी

- ➤ जब आप उत्सुक होते हैं तो बहुत दिलचस्प चीजें करने को मिलती हैं। - वॉल्ट डिज़्नी

- ➤ शुरुआत करने का बढ़िया तरीका है, काम शुरु करना। - वॉल्ट डिज़्नी

- ➤ एक आइडिया ले और उसके साथ डटे रहें, कठिन मेहनत करें जब तक कि वो पूरा न हो जाए। - वॉल्ट डिज़्नी

- ➤ खुशी पहले पूर्वानुमान से मिलती है, बाद में वह याद बन जाती है। - गुस्ताव फ्लोवेर

- ➤ सच कुछ नहीं होता केवल अनुभव होता। - गुस्ताव फ्लोवेर

- ➤ जिस काम में हम नाकाम हो जायें, उसमें मूर्खों को सफल होते देखने से ज्यादा अपमान जनक कुछ नहीं है। - गुस्ताव फ्लोवेर

- ➤ जीवन लगातार होने वाली पढ़ाई ही तो है, जहाँ हमें सबकुछ सीखना पड़ता है। - गुस्ताव फ्लोवेर

- सपना पूरा करना है तो असफलता का डर हटायें। - पाओलो कोएलो

- तुम वो हो, जो तुम होने का यकीन करते हो। - पाओलो कोएलो

- साधारण चीजें ही असाधरण होती हैं, और सिर्फ बुद्धिमान लोग ही उन्हें देख सकते हैं। - - पाओलो कोएलो

- केवल एक ही चीज है जो किसी सपने का पूरा होना असंभव बना सकती है, और वह है असफलता का डर। - पाओलो कोएलो

- सुनने से पहले बोलना शुरु नहीं कर देना चाहिए। - एरिस्टोफेन्स

- अज्ञान को खत्म किया जा सकता है लेकिन मूर्खता हमेशा के लिए होती है। - एरिस्टोफेन्स

- बुद्धिमानी तो दुश्मन से भी सीखी जा सकती है। - एरिस्टोफेन्स

- सोच ऊँची है तो भाषा भी ऊँची होना चाहिए। - एरिस्टोफेन्स

- अगर आप संतुष्ट हैं तो खुद को सबसे अमीर समझिए। - एपिक्युरस

- समस्या जितनी बड़ी होती है, उसे हल करने का स्वाद उतना ही मीठा होता है। - एपिक्युरस

- मनुष्य होने का मतलब ही यह है कि आप सम्पूर्ण होने की उम्मीद न करें। - एपिक्युरस

- दोस्त हर वक्त साथ रहे, ये जरुरी नहीं! जरुरी उस विश्वास का होना है कि जब कभी जरुरत पड़ेगी तो मेरा दोस्त मदद के लिए आएगा। - एपिक्युरस

- निराशा संभव को असंभव बना देती है। - प्रेमचंद

- आत्मसम्मान की रक्षा हमारा सबसे पहला धर्म और अधिकार है। - प्रेमचंद

- सफलता में दोषों को मिटाने की विलक्षण शक्ति है। - प्रेमचंद

- खाने और सोने का नाम जीवन नहीं है, आगे बढ़ते रहने की लगन का नाम ही जिंदगी है। - प्रेमचंद

- दौलतमंद आदमी को जो सम्मान मिलता है, वह उसका नहीं उसकी दौलत का सम्मान होता है। - प्रेमचंद

➤ चीजों को अलग नजरिए से देखना नई खोज करने जैसा है। - मार्सेल पुस्त

➤ ज्यादातर लोग समझदारी की बातें तब करते हैं, जब वो उदास होते हैं। - मार्सेल पुस्त

➤ जब तक हम दु:ख का अनुभव पूरी तरह न कर पाएं, तब तक हम उसका समाधान भी नहीं निकाल पायेंगे। - मार्सेल पुस्त

➤ अपने दुश्मन को हमेशा माफ करो, इससे ज्यादा उन्हें और कुछ परेशान नहीं कर सकता। - ऑस्कर वाइल्ड

➤ लोगों को चीजों की कीमत पता है, अहमियत नहीं। - ऑस्कर वाइल्ड

➤ अपनी गलतियों को मनुष्य ने तजुर्बों का नाम दिया हुआ है। - ऑस्कर वाइल्ड

➤ जिन्हें हम व्यक्तिगत रुप से पंसद नहीं करते, उनके प्रति नैतिकता का रवैया अपना लेते है। - ऑस्कर वाइल्ड

➤ आप मेहनत करके दुनिया की हर चीज खरीद सकते हैं। - डेविड़ ह्यूम

➤ जो लोग हर तरह की परिस्थितियों में खुद को ढाल लेते हैं, हकीकत में वही सबसे ज्यादा खुश रहते हैं। - डेविड़ ह्यूम

➤ खूबसूरती चीजों में नहीं, दिमाग में होती है। दिमाग की खूबसूरती ही चीजों को सुंदर बनाती है। - डेविड़ ह्यूम

➤ जो मनुष्य अपना भेद अपने सेवक को बताता है, वह सेवक को अपना स्वामी बना लेता है। - जॉन ड्राइडेन

➤ वह भेद जिसे तुम गुप्त रखना चाहते हो, किसी से न कहो, चाहे वह तुम्हारा परम विश्वासी ही क्यों न हो। गुप्त बात को जितनी अच्छी तरह आप स्वयं छिपा सकते हैं, दूसरा न छिपा सकेगा। - सेनेका

➤ जीवित रहने के लिए भोजन करना चाहिए, न कि भोजन करने के लिए जीवित रहना चाहिए। - मोलियर

➤ भोजन का उद्देश्य केवल संचालन शक्ति को उत्पन्न करना है, जब वह शक्ति हमें भोजन की अपेक्षा कहीं और आसानी से मिल सकती है, तो उदर को क्यों आनवश्यक वस्तुओं से भरें। - मुंशी प्रेमचंद

> जिसमें तुम्हारा कोई बस नहीं, उसके लिए दु:ख करना बंद कर दो। - शेक्सपियर

> मजबूरी में इंसान सबकुछ करने और झेलने पर विवश हो जाता है। - मुंशी प्रेमचंद

मन

> मन अपने लाड़ले बच्चे की तरह है, लाडले बच्चे जैसे हमेशा अतृप्त रहते हैं; उसी तरह मन हमेशा अतृप्त रहता है। इसलिए मन को लाड़ कम करके उसे दबाकर रखना चाहिए। - स्वामी विवेकानंद

> मन ही मानव के बंधन और मोक्ष का कारण है, बंधन के लिए विषयासक्त और मोक्ष के लिए निर्विषय (मन) कहा गया है। - उपनिषद

> झूठ की ओर आकर्षित होने वाले मन को सच्चाई की चीजों में रस नहीं आता। - होरेस

> केवल ईश्वर का चिंतन करने वाला मन, केवल मधु ही पीने वाले भ्रमर के समान है। - स्वामी रामदास

> मन को हर समय आनंदमय बनाओ, इससे हजारों प्रकार की व्यतियों से बचोगे और दीर्घजीवी बनोगे। - शेक्सपियर

> मन का रोग चंचल स्वभाव है! जब कोई ऐसी-वैसी बात हो जाती है तो मन भय और प्रसन्नता के बीच डॉवाडोल फिरता रहता है। - स्वामी रामतीर्थ

> मन मधुप से भी चंचल और पवन से भी प्रगतिशील वेगवान है, उसका निग्रह करना ही महापुरुषों का स्वभाव है। - जयशंकर प्रसाद

> मन इच्छाओं की गठरी है! इच्छाओं को जब तक जड़ से उखाड़कर फेंका नहीं जाएगा, मन को नष्ट करने की आशा व्यर्थ होगी। - श्री सत्य साईंबाबा

> अपनी अभिलाषाओं को वश में कर लेने के बाद, मन को जितनी देर तक चाहो उतनी देर तक एकाग्र कर सकते हैं। - स्वामी रामतीर्थ

> जिस तरह यह देह संसार की हवा में सांस ले रही है, उसी तरह मन सारे संसार के सत्य का वारिस या उत्तराधिकारी है। - स्वामी रामतीर्थ

- इंसान अपने आप में मस्त रहता है! शायद इसीलिए दूसरे की मन की बात जानने से डरता है। - विमल मित्र

- केवल मनुष्य ही रोता हुआ जन्मता है, शिकायत करता हुआ जीता है और निराश मरता है। - जवाहरलाल नेहरु

- मनुष्य अपने प्रयत्नों से इस संसार में नहीं घुटता, प्रत्युत ऐसी अहंकार की बातों से उसका नाश होता है। - गुरुनानक देव

- जिसे पेट की रोटी मयस्सर नहीं उसके लिए मरजाद और इज्जत ढोंग है। - प्रेमचंद

- 'महत्ता' सदैव ही विनयशील होती है और दिखावा पसंद नहीं करती, किंतु 'क्षुद्रता' सारे संसार में अपने गुणों का ढिंढोरा पीटती फिरती है। - तिरुवल्लुवर

महत्वाकांक्षा

- महत्वाकांक्षा वह पाप है जिसने देवदूतों को भी पतित कर दिया। - शेक्सपियर

- महत्वाकांक्षा यदि मूलत: सामाजिक और नैतिक है तो सेवा के क्षेत्र में भी उसके लिए भरपूर अवकाश है। - जैनेंद्र कुमार

- महत्वाकांक्षा का एक पग नरक में रहता है, भले ही वह अपनी उँगलियों को स्वर्ग के लिए बढ़ाती रहे। - फिलिक

- मन में भगवान का स्मरण बना रहे और मर्यादा का उल्लंघन न हो, यही महात्मापन है। -ब्रहानंद सरस्वती

- मुसीबत में धीरज, सभा में कौशलपूर्ण वाणी, युद्ध में विक्रम, यश में अभिरुचि और शुति में व्यसन ये महात्माओं को स्वभावत: सिध्द होते हैं। - भृतहरि

- महात्माओं की यह प्रकृति है कि ये स्वयं ही दूसरे के श्रम को दूर करने में प्रवृत होते हैं। सूर्य की प्रखर किरणों से जलाई हुई पृथ्वी को चंद्रमा शीतलता प्रदान करता है। - विवेक चूड़ामणि

- जहाँ कानून का अंत है, वहाँ कुशासन प्रारंभ होता है। - बार्कर

- जो व्यक्ति मिलनसार नहीं है, उसके लिये समाज सुख-दायक नहीं हो सकता है। - शेक्सपियर

- ➤ जो मानव एक पाठशाला खोलता है, वह विश्व की एक जेल बंद कर देता है। - विक्टर ह्यूगो।

- ➤ दुनिया है कि स्वार्थ से मतलब रखती है! रस तो चूस लेती है, छिलका और गुटली फेंक देती है। - हजारीप्रसाद द्विवेदी

- ➤ क्रांति कभी पीछे की ओर नहीं जाती।- एमर्सन

- ➤ कुरीतियाँ छोटी-छोटी विषय में नहीं होतीं, किन्तु छोटी-छोटी बातों से जरुर उत्पन्न होती हैं। - अरस्तु

- ➤ जनता की उपेक्षा एक बड़ा राष्ट्रीय पाप है। - स्वामी विवेकानंद

- ➤ हर अच्छी किताब को पढ़ना, पुरानी सदी के बेहतरीन दिमागों से बातचीत करने जैसा है। - रैने देकार्ते

- ➤ आप प्रयास करते रहिए, कभी भी प्रयास करना मत छोडिए। मैंने हर वो गलती की है जो मैं कर सकता था। लेकिन इसके बावजूद में निरंतर प्रयास भी करता रहा। - रैने देकार्ते

- ➤ सच जानना है तो हर चीज पर संदेह जरुर करें। - रैने देकार्ते

- ➤ संदेह ही समझदारी को जन्म देता है। - रैने देकार्ते

- ➤ जो लोग हमेशा व्यस्त रहते हैं, उनके पास रोने का समय ही नहीं होता है। - लार्ड बायरन

- ➤ स्याही की केवल एक बूँद लाखों लोगों को सोचने पर मजबूर कर सकती है। - लार्ड बायरन

- ➤ जीवन मेहनत और कर्तव्य का नाम है। - लॉर्ड बायरन

- ➤ समाज के गुण नापने का यंत्र है, पैसा। - आयन रैंड

- ➤ जो भविष्य के लिए लड़ाई कर रहा है, वो आज भी भविष्य में ही जी रहा है। - आयन रैंड

- ➤ महान लोगों पर शासन नहीं किया जा सकता। - आयन रैंड

- ➤ भ्रष्ट किस्म के लोगों के जीने का कोई निर्धारित लक्ष्य नहीं होता है। - आयन रैंड

- ➤ आलसी ही किस्मत पर भरोसा करते हैं। - फिरदौस

- ➤ सोच भाषा को भ्रष्ट बनाती है, लेकिन भाषा भी सोच को भ्रष्ट कर सकती है। - एपिक्यूरस

- ➤ मनुष्य होने का मतलब ही यही है की आप सम्पूर्णता की उम्मीद न रखें। - एपिक्यूरस

- ➤ तूफान का सामना करने के बाद ही कोई अच्छा कप्तान बन सकता है, अपने काम में आगे बढ़ने के लिए समस्याओं का सामना करना जरुरी है। - एपिक्यूरस

- ➤ मेरी सफलता का सबसे बड़ा राज है कि मैंने कभी किसी बहाने का सहारा नहीं लिया। - फ्लोरेन्स नाइटिंगेल

- ➤ जीवन एक शानदार उपहार है, इसके बारे में कुछ भी झूठा नहीं है। - फ्लोरेन्स नाइटिंगेल

- ➤ स्वर्ग जाने से पहले हमें इस धरती को स्वर्ग बनाना है। - फ्लोरेन्स नाइटिंगेल

- ➤ उसके साथ बहस मत करो, जो आपकी बात का खंडन करना चाहता है। - फ्लोरेन्स नाइटिंगेल

- ➤ विपत्ति से बढ़कर अनुभव देने वाला कोई भी विद्यालय आज तक नहीं हुआ। - मुंशी प्रेमचंद

- ➤ कार्य कुशलता की व्यक्ति को जीवन में हर जगह जरुरत पड़ती है। - मुंशी प्रेमचंद

- ➤ दोषों को मिटाने की विलक्षण शक्ति है सफलता। - मुंशी प्रेमचंद

- ➤ क्रोध मौन सहन नहीं कर सकता, मौन के आगे क्रोध की शक्ति असफल हो जाती है। - मुंशी प्रेमचंद

- ➤ अमीरी और गरीबी का असंतुलन ही सभी देशों के लिए घातक सिध्द होता है। - प्लूटार्क

- ➤ गलतियाँ निकालना आसान है, बेहतर कर पाना मुश्किल है। - प्लूटार्क

- ➤ लंगड़े व्यक्ति के साथ वक्त बिताते हैं तो आप भी लँगड़ाना सीख जाते हैं। - प्लूटार्क

- ➤ जिस तरह मधुमक्खियाँ सबसे मजबूत और सूखे फूल से शहद निकाल लेती हैं, उसी तरह समझदार व्यक्ति कठिन परिस्थितियों से भी अपना फायदा निकाल लेते हैं। - प्लूटार्क

- सीखना कभी दिमाग को थकाता नहीं है। - लिओनार्डो

- असली खुशी का अनुभव करने के लिए चीजों को समझना शुरु कीजिए। - लिओनार्डो

- इंसान को सबसे बड़ा धोखा, अपने विचारों से ही मिलता है। - लिओनार्डो

- कला कभी खत्म नहीं होती, उसे बस त्याग दिया जाता है।- लिओनार्डो

- दुनिया पर नहीं, खुद पर विजय पाएं। - रैने देकार्ते

- हम जो देखते हैं उसका उल्लेख नहीं करते, जिसका उल्लेख कर सकें वही देखते हैं। - रैने देकार्ते

- अच्छा दिमाग होना ही काफी नहीं है, उसका इस्तेमाल करना भी जरुरी है। - रैने देकार्ते

- मैं यह जानता हूँ कि मैं कुछ नहीं जानता। - रैने देकार्ते

- सोच के सिवा किसी चीज पर हमारा नियंत्रण नहीं है। - माइक लेंजेलो

- निरर्थक बिताए गए समय से ज्यादा दु:खदायी कुछ नहीं हो सकता। - माइक लेंजेलो

- मनुष्य अपने हाथों से नहीं, बल्कि अपने मस्तिष्क से रंग भरता है। - माइक लेंजेलो

- पत्थर के हर टुकड़े में एक खूबसूरत प्रतिमा छिपी है, इसकी खोज करना मूर्तिकार का काम है। - माइक लेंजेलो

- दुनिया को आप अपना सर्वश्रेष्ठ दें, आपके पास भी सर्वश्रेष्ठ ही लौटकर आएगा। - दयानंद सरस्वती

- अज्ञानी होना गलत नहीं, अज्ञानी बने रहना गलत है। - दयानंद सरस्वती

- लालच वह अवगुण है जो प्रत्येक दिन बढ़ता है, जब तक इंसान का पतन नहीं हो जाता। - दयानंद सरस्वती

- कार्य को करने से पहले सोचना अक्लमंदी है, करते हुए सोचना सावधानी है, करने के बाद सोचना मूर्खता है। - दयानंद सरस्वती

- हम संघर्षों और समाधानों से ही आगे बढ़ पाते हैं। - सुभाषचंद्र बोस

- यदि आपको अस्थायी रुप से झुकना पड़े, तब वीरों की भाँति झुकना। - सुभाषचंद्र बोस

- आत्मविश्वास की कमी ही सारे दुखों की जड़ है। - सुभाषचंद्र बोस

➢ मुझमें जन्मजात प्रतिभा तो नहीं थी, परंतु कठोर परिश्रम से बचने की प्रवृत्ति मुझमें कभी नहीं रही। - सुभाषचंद्र बोस

➢ बड़ा बनना चाहते हैं तो पहले छोटे काम करना सीखें। - ईश्वरचंद्र विद्यासागर

➢ एक मनुष्य का सबसे बड़ा कर्म दूसरों की भलाई और सहयोग होना चाहिए, जो एक संपन्न राष्ट्र का निर्माण करता है। - ईश्वरचंद्र विद्यासागर

➢ अगर सफल और प्रतिष्ठित बनना है तो झुकना सीखो! क्योंकि जो झुकते नहीं, समय की हवा उन्हें झुका देती है। - ईश्वरचंद्र विद्यासागर

➢ मनुष्य कितना भी बड़ा क्यों न बन जाए, उसे हमेशा अपना अतीत याद करते रहना चाहिए। - ईश्वरचंद्र विद्यासागर

➢ सही काम को करने के लिए समय हर क्षण सही ही होता है। - मार्टिन लूथर

➢ अंधकार को अंधकार से नहीं, बल्कि प्रकाश से दूर किया जा सकता है। नफरत को नफरत से नहीं, बल्कि प्रेम से खत्म किया जा सकता है। - मार्टिन लूथर

➢ यदि आप उड़ नहीं सकते, तो दौड़िए। यदि दौड़ नहीं सकते, तो चलिए। यदि चल भी नहीं सकते, तो रेंगते हुए बढ़िए; यानि कुछ भी हो हमेशा आगे बढ़ते रहिए। - मार्टिन लूथर

➢ हमें निराशा को स्वीकार करना चाहिए, लेकिन उम्मीद को कभी नहीं भूलना चाहिए। - मार्टिन लूथर

➢ कुछ लोग बारिश में भी चलते हैं, कुछ केवल भीगते हैं। - बेनकिग्स्ले

➢ ज्ञान का निवेश, सबसे अच्छा ब्याज अदा करता है। - बेनकिग्स्ले

➢ खूब लगन से की गई मेहनत कभी भी व्यर्थ नहीं होती है। - बेनकिग्स्ले

➢ मैं उस सेना से कभी नहीं डरुंगा जिसमें शेरों का नेतृत्व भेड़ कर रहा है, मुझे डर लगेगा उस सेना से जिसमें भेड़ों का लीडर शेर होगा। - बेनकिग्स्ले

➢ लेखक का काम समस्याओं को सुलझाना नहीं है, समस्याओं को सही तरीके से सबके सामने लाना है। - अन्तोन पाव्लविच चेख़व

➢ हम अच्छाई से तो सीखते ही हैं, बुराई से और ज्यादा सीखते हैं। - अंतोन चेखव

➢ साधारण होने से ज्यादा अपमानजनक और निराशाजनक कुछ नहीं है। - अंतोन चेखव

➢ इंसान की मेहनत ही उसकी असल दौलत है। - पर्सी शेली

➢ हमें वो गाने सबसे ज्यादा पसंद आते हैं जो हमारी उदासी भाप लेते हैं। - पर्सी शेली

➢ खुशी एक बार गुम हो जाए तो दर्द बन जाती है। - पर्सी शेली

➢ खून से सने हाथों से भी ज्यादा बुरा होता है, पत्थर का दिल। - पर्सी शेली

➢ गलती करने का कारण समझना ही उन्नति की राह में आगे बढ़ना है। - अल्बैर कामू

➢ डर की वजह से किसी की इज्जत कर रहे हैं तो इससे भयानक कुछ नहीं हो सकता।
   - अल्बैर कामू

➢ विद्रोह करने के बाद ही जागरुकता का जन्म होता है। - अल्बैर कामू

➢ मरने के कई कारण हो सकते हैं लेकिन किसी को मारने का एक भी कारण नहीं हो
   सकता। - अल्बैर कामू

➢ जीवन में आगे बढ़ना है तो बदलाव और चुनौतियों का सामना करना जरुरी है। -एच.
   जी.वेल्स

➢ कल गिरे थे तो क्या हुआ, आज फिर से खड़े हो जाओ। - एच.जी.वेल्स

➢ जिस रास्ते पर सबसे कम व्यवधान है, वह असफल लोगों का रास्ता है। - एच.जी.
   वेल्स

➢ ताकत जरुरत से पैदा होती है जबकि सुखता कमजोरी की निशानी है। - एच.जी.वेल्स

➢ दो काम करने से लोग घबराते हैं; पहला नया कदम बढ़ाना, दूसरा नया शब्द बोलना।
   -फ्योदोर दोस्तोवस्की

➢ खुद से झूठ बोलना, दूसरों से झूठ बोलने से भी ज्यादा खतरनाक है। - फ्योदोर
   दोस्तोवस्की

➢ प्यार का मतलब ही पीड़ा है, इसके बिना प्यार मुमकिन नहीं है। - फ्योदोर दोस्तोवस्की

➢ ताकत हमेशा उसी व्यक्ति को दी जाती है जिसके पास झुककर उसे हासिल करने का
   साहस हो। - फ्योदोर दोस्तोवस्की

➤ मैं उदासी की बजाय जुनून के साथ मरना पसंद करूँगा। - एमील जोला

➤ दुनिया में मौजूद हर चीज कभी सपना ही थी। - एमील जोला

➤ यदि आप अपना बौद्धिक विकास करना चाहते हैं तो उसके लिए यात्राओं से बेहतर और कुछ नहीं है। - एमील जोला

माँ

➤ मुझे याद है मेरी माँ की प्रार्थनाएँ, वो हमेशा मेरे साथ रही हैं। - अब्राहम लिंकन

➤ प्रेम माँ से शुरु होता है, और माँ पर ही खत्म हो जाता है। - रॉबर्ट ब्राउनिंग

➤ मेरी माँ कहती थी अगर तुम सिपाही हो तो जनरल बन जाओगे! अगर तुम मोन्क हो तो पोप बन जाओगे। मैं एक पेंटर था तो मैं पिकासो बन गया। - पाब्लो पिकासो

➤ जवानी ढल जाती है, प्रेम कम हो जाता है, दोस्तियाँ खत्म हो जाती हैं; लेकिन एक माँ की उम्मीदें हमेशा कायम रहती हैं। - ओलिवर होम्स

➤ ईश्वर हर जगह, हर पल आपके साथ नहीं हो सकता था; इसलिए उसने माँ बनाई। -रुडयार्ड किपलिंग

➤ दुनिया में कोई आपकी माँ की जगह नहीं ले सकता! आप सही हो या गलत, उनकी नजरों में आप हमेशा सही होते हैं। वो आपको छोटी बातों के लिए डांट सकती है, बड़ी बातों के लिए नहीं। - हैरी एस ट्रूमैन

➤ जो अपनी माँ को खो देते हैं वो दरअसल एक ऐसी पवित्र आत्मा खो देते है, जो हमेशा उनकी रखवाली करती थी, उन्हें दुआएं देती थी। - खलील जिब्रान

➤ पिता से ज्यादा लगाव माँ को अपने बच्चे से होता है, क्योंकि वो यह जानती है कि बच्चा उसकी ही कोख से जन्मा है। - अरस्तू

➤ मेरी आँख में कुछ होता तो वो पल्लू का गोला बनाकर फूँक से आँख सेंकती थी। - महानायक अभिताभ बच्चन

➤ उन्होंने ही सिखाया कैसे मर्यादा बनाए रखते हैं और सहन करते हैं। - रतन टाटा

संतान

- संतान स्नेह की सर्वोच्च सीमा है। - भवभूति

- शुद्ध वंश की संतान, इस लोक व परलोक में सुख के लिए होती है। - कालिदास

- संतान होने से माँ-बाप की जिम्मेदारियाँ बढ़ जाती हैं! जब तक मनुष्य में यह सामर्थ्य न हो कि वह उसका भली प्रकार पालन-पोषण और शिक्षण आदि कर सके, तब तक उसकी संतान से देश, जाति और निज का कुछ भी कल्याण नहीं हो सकता। - प्रेमचंद

मुहावरे - कहावत

- नीम हकीम खतरा-ए-जान।

- अंत भले का सब भला।

- कपड़े देखकर इज्जत मिलती है।

- काँटे से काँटा निकलता है।

- तुरंत विश्वास करें और धोका खाएं।

- मोती गहरे पानी में होता है।

- जवानी दिवानी होती है।

- झूठ का अंत नहीं।

- हर चीज का वक्त होता है।

- इस संसार में हर तरह के लोग होते हैं।

- ताली दोनों हाथों से बजती है।

- मित्र वही जो मुसीबत में काम आए।

- जाको राखे साईयाँ, मार सके न कोय।

- जैसी करनी, वैसी भरनी।

- सच की हमेशा जीत होती है।

- सुने सबकी, करें मन की।

- एकता में बल होता है।

- दो घर का मेहमान भूखा।

- अंधो में काना राजा।

- दिया तले अंधेरा।

- नकल के लिए भी अकल चाहिए।

- अच्छे आचार-विचार और सदाचार से भाईचारा पनपता है।

- दुश्मन का दुश्मन दोस्त होता है।

- समय का सद् उपयोग करो।

- जैसे को तैसा।

- जौहरी को हीरे की परख।

- कर्म ही पूजा है।

- गया वक्त फिर हाथ आता नहीं।

- एक और एक ग्यारह होते हैं।

- गधे को गधा खुजलाता है।

- अपनी-अपनी डफली, अपना-अपना राग।

- जो गरजते हैं वो बरसते नहीं।

- मन के लड्डुओं से भूक नहीं मिटती।

- गवांर गन्ना न दे, भेली दे।

- हाथ कंगन को आरसी क्या ?

- एकता में बड़ी ताकत होती है।

- चार दिन की चाँदनी फिर अँधेरी रात।

- उधार दीजे, दुश्मन कीजे।

➤ एक थाली के चट्टे-बट्टे।

➤ जहाँ चाह, वहाँ राह।

➤ नाच न जाने आँगन टेढ़ा।

➤ चुप मौन आधी मर्जी।

➤ अधतल गगरी, छलकत जाए।

➤ आदमी पेट का कुत्ता।

➤ अपनी गली में कुत्ते भी शेर।

➤ आगे दौड़, पीछे छोड़।

➤ नौ नगद, न तेरह उधार।

➤ सोने में सुगंध।

➤ जहाँ का पीवे पानी, वहाँ की बोले बानी।

➤ जगंल में मोती की कदर नहीं होती।

➤ आप भला तो जग भला।

➤ थोथा चना, बाजे घना।

➤ एक तन्दुरुस्ती, हजार नियामत।

➤ काया को दु:ख दिये बिना कोई काम नहीं सुधरता।

➤ खरबूजे को देखकर तरबूजा रंग बदलता है।

➤ मुख में राम, बगल में छुरी।

डॉ. भीमराव आम्बेडकरः- जन्म 14 अप्रैल 1891 निधन 6 दिसंबर 1956

बाबा साहेब बॉम्बे विश्वविद्यालय से स्नातक की उपाधि प्राप्त कर आगे की पढ़ाई के लिए अमेरिका चले गए। जहाँ उन्होंने कोलंबिया विश्वविद्यालय से एम.ए., पी.एचडी की डिग्री प्राप्त कर लंदन चले गए, यहाँ उन्होंने लंदन स्कूल ऑफ इकोनॉमिक्स से पी.एचडी एवं डी.एस.सी की तथा बार एट लॉ की उपाधि प्राप्त की। उन्होंने अपने जीवन में दलित, पिछड़े

एवं महिलाओं के उत्थान के लिए कई पत्रिकाओं का प्रकाशन भी किया। उन्होंने बहिष्कृत हितकारणी सभा एवं इण्डिपेंडेन्ट लेबर पार्टी की स्थापना की। आज उन्हें 'दलितों के मसीहा' एवं 'भारतीय संविधान के जनक' के रूप में जाना जाता है।

जय प्रकाश नारायणः- जन्म- 11 अक्टूबर 1902 निधन- 8 अक्टूबर 1979

जननायक के नाम प्रसिद्ध बनारस हिन्दू विश्वविद्यालय में समाजशास्त्र के प्रवक्ता रहे "सोशल वैरिएशन" पर शोध प्रपत्र लिखा एवं स्वंतत्रता आन्दोलन में सक्रिय भूमिका निभायी। "भूदान" "संपत्ति दान" "जीवनदान" के लिए पूर्ण समर्पण से कार्य किया। 1975 में राष्ट्रीय आपातकाल का घोर विरोध किया, उन्हें जेल में डाल दिया गया। 1977 में जनता पार्टी बनाई एवं जनता पार्टी को विजयश्री दिलायी।

स्वामी विवेकानन्दः- जन्म- 12 जनवरी 1863 निधन- 4 जुलाई 1902

स्वदेशी-आंदोलन के प्रेरणा स्रोत बने, रामकृष्ण मठ एवं मिशन की स्थापना की। स्वदेश प्रेम जागृत किया, विशेष युवाओं को जागरुक किया। इनका शिकागो का भाषण बहुत प्रख्यात रहा। आज भी उनके किस्से नेता अपने भाषण में उल्लेखित करते हैं। वे नारी जाती का बहुत सम्मान करते थे।

बाल गंगाधर तिलकः- जन्म- 23 जुलाई 1856 निधन- 1 अगस्त 1920

महाराष्ट्र वासियों को एक मंच पर एकत्रित किया, "गणपति उत्सव" "शिवाजी उत्सव" की शुरुआत की। वे अपने विचारों पर दृढ़ रहते थे, इसी कारण उन्हें दो बार कारावास भोगना पड़ा! उन्हें 6 वर्ष एवं 18 माह का कारावास हुआ। 20×12 फीट के कमरे में ही रहे। जेल में "गीता रहस्य" तथा "दि आर्किटिक होम ऑफ दि वेदाज" जैसे ग्रंथ की रचना की।

श्रीमती इन्दिरा गांधीः- जन्म- 19 नवम्बर 1917 निधन- 31 अक्टूबर 1984

भारत की प्रथम महिला प्रधानमंत्री 24 जनवरी 1966 में बनी। 1971 में पाकिस्तान को करारी शिकस्त देकर और दिसम्बर 1971 में ही बांग्लादेश का निर्माण कर अपनी कर्तव्य क्षमता दिखायी। बड़े राष्ट्र की परवाह न करते हुए 18 मई 1974 को पोखरन (राजस्थान) में सफल भूमिगत परमाणु परीक्षण कराया! उनके ही कार्यकाल में 1 अप्रैल 1975 को उपग्रह आर्यभट्ट प्रक्षेपित हुआ।

सरोजनी नायडूः- जन्म- 13 फरवरी 1879 निधन- 2 मार्च 1949 तेहर वर्ष की अवस्था में इन्होंने 1300 पंक्तियों की कविता "द लेडी ऑफ द लेक" लिखकर अपने अभिभावकों को चकित किया। 1925 को कांग्रेस अधिवेशन में प्रथम महिला अध्यक्ष चुनी गयीं। 1948 में वह उत्तर प्रदेश की प्रथम राज्यपाल बनाई गई। उन्हें भारत कोकिला उपाधि से विभूषित किया गया।

सुभाषचंद्र बोसः- जन्म- 23 जनवरी 1897 निधन- 18 अगस्त 1945

स्वतंत्रता संग्राम के प्रमुख चेहरों में से एक थे। इन्होंने "जय हिन्द" का नारा दिया एवं इनके बोल 'तुम मुझे खून दो, मैं तुम्हें आजादी दूँगा' थे।

ईश्वरचन्द्र विद्यासागरः- जन्म- 26 सितम्बर 1820 निधन- 29 जुलाई 1891 बंगाल के प्रसिद्ध दार्शनिक, शिक्षाविद, समाज सुधारक, लेखक, मुद्रक, प्रकाशक, उघमी, और परोपकारी थे। ये बंगाल के पुर्नजागरण के स्तंभो में से एक थे।

मुंशी प्रेमचंद:- जन्म- 31 जुलाई 1880 निधन- 8 अक्टूबर 1936

हिन्दी और उर्दू के लोकप्रिय उपन्यासकार, कहानीकार थे। आरंभ में उर्दू पत्रिका जमाना में नवाब राय के नाम से लिखते थे।

मार्टिन लूथर किंग जूनियर :- जन्म- 15 जनवरी 1929 निधन- 4 अप्रैल 1968 आंदोलनकारी एवं अफ्रीकी-अमेरिका नागरिक अधिकारों के संघर्ष के प्रमुख नेता थे। इन्हें अमेरिका का गांधी भी कहा जाता है।

दयानंद सरस्वतीः- जन्म- 12 फरवरी 1824 निधन- 30 अक्टूबर 1883

आधुनिक भारत के महान चिंतक तथा आर्य समाज के संस्थापक थे। उन्होंने वेदों का अनुवाद किया, इसलिए उन्हें ऋदि कहा जाता है।

खलील जिब्रानः- जन्म- 6 जनवरी 1883 निधन- 10 अप्रैल 1931

विश्व के हर कोने में ख्याति प्राप्त करने वाले, देश-विदेश भ्रमण करने वाले खलील जिब्रान अरबी, अंग्रेजी, फारसी के ज्ञाता दार्शनिक और चित्रकार भी थे।

विलियम शेक्सपियरः- जन्म- 26 अप्रैल 1564 निधन- 23 अप्रैल 1616

अंग्रेजी के महान लेखक और विश्व के प्रख्यात नाटककार के रुप में विख्यात हैं। इंग्लैंड के राष्ट्रीय कवि माने जाते थे।

प्लूटार्क :- जन्म- 46 एडी निधन- 120 एडी ग्रीक के महान दार्शनिक, लेखक एवं शिक्षाविद थे। अमूमन आचार-विचार और संस्कारों पर निबंध लिखा करते थे।

एमील जोलाः- जन्म- 2 अप्रैल 1840 निधन- 29 सिंतबर 1902 फ्रेंच उपन्यासकार थे। नाटक के विकास में भी योगदान दिया है।

वॉल्ट डिज्नी- जन्म- 5 दिसंबर 1901 निधन- 15 दिसंबर 1966

फिल्म निर्माता, निर्देशक, कथानक, लेखक, एनिमेटर, उघमी और समाजसेवक थे।

पर्सी षेलीः- जन्म- 4 अगस्त 1792 निधन- 08 जुलाई 1822 अंग्रेजी में कवितायें लिखते थे एवं रोमेंटिक पोयट्री के सबसे बेशुमार लेखकों में से एक थे।

गूशो मार्क्सः- जन्म- 2 अक्टूबर 1890 निधन- 19 अगस्त 1977 अपने मजाकिया स्वभाव के लिए प्रसिद्ध अमेरिकी कॉमेडियन, लेखक, फिल्म, रेडियो व टीवी स्टार थे।

आचार्य चाणक्यः- जन्म- 375 ईसापूर्व निधन- 283 ईसापूर्व

चन्द्रगुप्त मौर्य के महामंत्री थे। वे कौटिल्य या विष्णुगुप्त नाम से भी विख्यात हैं। चणक पुत्र होने के कारण उनका नाम चाणक्य हुआ। वे कुशल राजनितीज्ञ, कुशल नीतिकार भी रहे।

आदिशंकराचार्य :- वे आज से लगभग ढाई हजार साल पहले महान दार्शनिक एवं धर्म प्रवर्तक थे। भारत वर्ष में चार कोनों में चार मठों की स्थापना की थी।

ऑस्कर वाइल्ड :- जन्म- 16 अक्टूबर 1854 निधन- 30 नवंबर 1900

सबसे महशूर आयरिश लेखक और कवि थे। लंदन के फेमस प्ले राइटर भी थे। शेक्सपियर के उपरांत सर्वाधिक चर्चित रहे।

फ्लॉरेन्स नाइटिंगेल :- जन्म- 12 मई 1820 निधन- 13 अगस्त 1910 आधुनिक नर्सिंग आंदोलन के जन्मदाता की रूप में जाना जाता है। "द लेडी विद द लैंप" के नाम से प्रसिद्ध हैं।

अंतोन चेखवः- जन्म- 29 जनवरी 1860 निधन- 15 जुलाई 1904 रुसी कथाकार और नाटक्कार थे। अपने साहित्यिक जीवन में उन्होंने रुसी भाषा में चार कालजयी नाटक दिए। उनकी कहानियाँ विश्व समीक्षकों और आलोचकों में सराही जाती हैं।

एपिक्युरसः- जन्म- 341 ई.पू. निधन- 270 ई.पू. प्राचीन ग्रीक दार्शनिक थे। प्रभावशाली, दर्शनशास्त्र के संस्थापक थे, जिसे आज 'एपिक्युरिनिज्म' के नाम से जानते हैं।

अल्बैर कामू :- जन्म- 7 नवंबर 1913 निधन- 4 जनवरी 1960 दर्शनशास्त्र की पढ़ाई पूरी की! बेहद प्रसिद्ध फ्रेंच लेखक थे। साहित्य में उन्हें नोबल पुरस्कार भी मिल चुका है।

आयन रैंड :- जन्म- 2 फरवरी 1995 निधन- 6 मार्च 1982 रसियन, अमेरिकन, नॉवलिस्ट, फिलॉसफर, स्क्रीन राइटर। "एटलस खण्ड" और "द फाउटेनहेड़" की लेखिका रही हैं।

पाइथागोरसः :- जन्म- ईसापूर्व 570 निधन: ईसापूर्व 495

ग्रीस के दार्शनिक और गणितज्ञ थे। गणित के क्षेत्र में पाइथागोरियन थ्योरम उन्हीं की देन।

जेन ऑस्टेनः :- जन्म- 16 दिंसबर 1775 निधन- 18 जुलाई 1817

अंग्रेजी भाषा की उपन्यासकार थीं जिनके काम पर आधारित कई फिल्में और टी. वी. शो बने हैं।

*****